关键突破

如何实现个人和团队的持续跃迁

[爱尔兰] 巴里·奥雷利（Barry O'Reilly） 著

刘丽慧 译

Unlearn:
Let Go of Past Success to Achieve Extraordinary Results

本书揭示了如何打破过去有效但已不适应当下企业环境，限制甚至阻碍你迈向成功的重复性行为机制。通过本书提供的简单且强大的三步法体系，你可以忘却阻碍你及你的企业取得进步的行为习惯和思维模式；再学习新的技能、策略以及驱动企业日新月异发展的创新方法；突破旧习惯和旧想法，接受新观念和新视角，以取得非凡进步。

好的领导者知道自己需要不断地学习，而伟大的领导者懂得何时要忘却过去，以创造未来的成功。本书正为你指明了方向。

Barry O'Reilly
Unlearn: Let Go of Past Success to Achieve Extraordinary Results
978-1-260-14301-0
Copyright © 2019 by McGraw-Hill Education.

All Rights reserved. No part of this publication may be reproduced or transmitted in any form or by any means, electronic or mechanical, including without limitation photocopying, recording, taping, or any database, information or retrieval system, without the prior written permission of the publisher.

This authorized Chinese translation edition is jointly published by McGraw-Hill Education and China Machine Press. This edition is authorized for sale in the Chinese mainland (excluding Hong Kong SAR, Macao SAR and Taiwan).

Translation Copyright © 2019 by McGraw-Hill Education and China Machine Press.

版权所有。未经出版人事先书面许可，对本出版物的任何部分不得以任何方式或途径复制传播，包括但不限于复印、录制、录音，或通过任何数据库、信息或可检索的系统。

本授权中文简体字翻译版由麦格劳－希尔教育出版公司和机械工业出版社合作出版。此版本经授权仅限在中国大陆地区（不包括香港、澳门特别行政区及台湾地区）销售。

翻译版权© 2019 由麦格劳－希尔教育出版公司与机械工业出版社所有。

本书封面贴有McGraw-Hill Education公司防伪标签，无标签者不得销售。

北京市版权局著作权合同登记号：01-2020-0401

图书在版编目（CIP）数据

关键突破：如何实现个人和团队的持续跃迁／（爱尔兰）巴里·奥雷利（Barry O'Reilly）著；刘丽慧译. —北京：机械工业出版社，2022.3

书名原文：Unlearn: Let Go of Past Success to Achieve Extraordinary Results

ISBN 978-7-111-57850-5

Ⅰ.①关… Ⅱ.①巴… ②刘… Ⅲ.①领导学-通俗读物 Ⅳ.①C933-49

中国版本图书馆 CIP 数据核字（2022）第 022993 号

机械工业出版社（北京市百万庄大街22号 邮政编码100037）
策划编辑：刘怡丹　　　　　责任编辑：刘怡丹　侯春鹏
责任校对：李　婷　王　欣　责任印制：张　博
中教科（保定）印刷股份有限公司印刷
2022年3月第1版　第1次印刷
160mm×230mm · 15.25 印张 · 177 千字
标准书号：ISBN 978-7-111-57850-5
定价：59.00 元

电话服务　　　　　　　　　网络服务
客服电话：010-88361066　　机　工　官　网：www.cmpbook.com
　　　　　010-88379833　　机　工　官　博：weibo.com/cmp1952
　　　　　010-68326294　　金　书　网：www.golden-book.com
封底无防伪标均为盗版　　　机工教育服务网：www.cmpedu.com

献给邱易

感谢你鼓励我，鞭策我，使我忘却了很多阻碍自己前进的信念和行为，使我可以再学习以取得超乎自己想象的进步。我非常期待继续和你一起探索，以取得无穷无尽的突破。

对本书的赞誉

"对每个人来说,要想取得成功,很重要的一点就是,要懂得如何忘却那些曾经为其带来成就而如今却存在局限性的行为和方法。《关键突破:如何实现个人和团队的持续跃迁》一书所阐释的正是有关如何开启一个新旧思想更替的持续循环体系,以适应这个不断变化的世界的内容。本书条理清晰,内容翔实,书中倡导无论是现在还是未来,我们都应该充满勇气,而不要寻求舒适。"

—— 埃里克·莱斯,长期证券交易所创始人,
《精益创业》《精益创业2.0》作者

"出人意料的一点是,使得不少小公司成长壮大的很多特性,现如今正成为阻碍其未来发展的因素。一些很明显可以看出问题的迹象包括,行政管理替代了真正的领导力,工作过程流于官僚主义和繁文缛节,以及变革所需的能力被过去的成功所抑制。所有这些造就出了一种不讲速率、忽视客户、缺乏创新的企业文化。成功的公司一定是具有使命感的,是能够牢牢抓住顾客及员工的心的,并且能够在充满热情地保持初心的同时,还可以谦逊地忘却过去的成功之法。这本书及时地提醒人们,忘却的能力是所有非凡人物(及其所领导的成功组织)持久的核心竞争力。"

——约翰·马坎特,先锋集团首席信息官

"许多高管和企业家坚持曾经有用但会限制其未来成功的思想和方法。应用《关键突破:如何实现个人和团队的持续跃迁》一书中的方法体系来释放你自己、你的团队及你的组织的全部潜力吧。"

—— 诺埃尔·埃德尔,希尔顿集团首席信息与数字官

"唯一不变的就是变化，变化的速度也越来越快了。颠覆性的变化在持续不断地进行，但领导者却倾向于渐进式地思考未来。巴里向我们展示了一种更好的方式：在别人迫使你改变之前就自我改变的唯一方法就是忘却，主动忘却自己曾经有效的工作方法，以创造一个开放的空间来塑造未来。对于任何处在快速变化环境中的领导者来说，这是一本很好的读物，它会使你意识到过去行得通的方法在未来行不通。"

—— 史蒂芬·卡斯里尔，Upwork 平台首席执行官，
全球世界经济论坛未来教育、性别与工作委员会联席主席

"我们所处的工作环境充满复杂性，革命性技术不断涌现，极具动态变化性。唯一的优势在于人——可以投身其中并且快速学习和忘却的人们。这就是我喜欢巴里·奥雷利的新书《关键突破：如何实现个人和团队的持续跃迁》的原因。它正确地放大了一个至关重要但经常被忽视的概念，即忘却对于组织成功的重要性。通常，组织会因无法忘却不再相关的想法而失去活力和创新。本书为形成学习和忘却的企业文化所应采取的步骤提供了指导。"

—— 爱德华·霍夫曼，美国宇航局前首席知识官，
哥伦比亚大学信息与知识战略学术委员会主任

"本书制定了一个易于应用的体系，可以帮助我们不断挑战自己去思考那些自认为熟知的东西。巴里列举了大量有意义的和有关联的例子，以帮助我们更好地理解如何将这些高效的原则应用到自己的生活中。读《关键突破：如何实现个人和团队的持续跃迁》一书，激励我对自己很多旧的思想观念进行反思，而我也看到自己最终获得了相当大的改进。这是一本非常鼓舞人心的书！"

——史蒂芬·奥尔班，Amazon Web Services 全球企业战略团队总经理，
《剑指云端》作者

"在这个由指数型技术驱动而不断变化的世界里，要想壮大，唯一方法就是通过增强适应性并不断学习。巴里·奥雷利已经确定了关键的第一步：忘却过去。《关键突破：如何实现个人和团队的持续跃迁》一书，帮助我们摆脱过去的锚点，加速走向未来。"

——罗伯·内尔，奇点大学联合创始人兼首席执行官

"如果你是在同时涉及科技、设计以及服务的交叉领域工作，那么变化就是连续不断的。因此，忘却曾经带给你个人及团队成功的那些东西对于未来的成功至关重要。如今，每个行业都在迅速变化，学习和忘却的能力已成为区分表现优异的公司和高效能人士与落后者的一个主要因素。巴里·奥雷利的《关键突破：如何实现个人和团队的持续跃迁》一书，对我们所有担任领导者的人来说既是鼓舞人心的，也是必不可少的读物，而对于传统行业中的领导者尤其如此。"

——卡特丽·哈拉-萨洛宁，芬兰航空公司首席数字官

"忘却的部分涵义是要摆脱对于过去成功之法的依赖。当97%的人都认为你应该继续按照过去一直奏效的方法工作时，或者是对你正在尝试做出的改变有所抵制时，你要明白自己就快要搞出些名堂了，这也正是突破之旅的开始。"

——斯蒂芬·斯科特，阿沃斯集团有限公司首席数字官

"掌控不断变化的商业环境的最佳方法，就是设计习惯和重新设计我们根深蒂固的惯例。在《关键突破：如何实现个人和团队的持续跃迁》一书中，巴里·奥雷利以一种易于理解的方式解释了如何有意识地、系统地将新习惯引入到你的工作场所中。通过忘却旧习惯，引入新习惯，你就有机会为自己取得非凡进步开创一条捷径。巴里所概括的这一操作过程借鉴了我在行为设计研究方面的关键方法，同时也借鉴了我的'微习惯'方法

的技术。在为各行各业的领导者所写的这本书中,巴里提供了一个循序渐进的框架,以帮助释放你自己及你公司的未开发的潜力。"

——B. J. 福格博士,行为科学家及"微习惯"方法创始人

"巴里又成功了!巴里利用他与当今一些最具创新性和最成功的公司一起合作的工作经历,写出了数字化转型方面的入门读物。《关键突破:如何实现个人和团队的持续跃迁》一书的关注点在于最棘手同时也最易被人忽视的起始点:忘却那些将领导者禁锢于过去奏效的但如今已经有所局限的习惯。这本指导我们循序渐进获取新观点的书,为我们如何在整个企业中激发并孵化出成功的创新,以实现突破性的绩效,提供了清晰且高度可行的建议。"

——乔迪·马尔凯,特玛捷票务公司首席技术官

"在一个变化速度如此之快的世界中,要跟上时代潮流是极为不易的,领导者往往在不知不觉中就被自己的习惯束缚住了。为了保持竞争力,他们必须培养不断发展和拥抱未知的技能。《关键突破:如何实现个人和团队的持续跃迁》一书提供了一个结构化的框架,以帮助领导者及其所领导的组织通过忘却来适应这个不断变化的时代,并通过再学习新技能以取得突破、保持竞争力。它可以指导每个人以系统化的、拥有安全感的方式走上终身学习的道路。"

——列什马·谢赫,斯普林格·自然出版集团首席运营官和办公室战略与运营部副主管

巴里的书在我的工作(领导一家大型企业进行数字化转型)中发挥了关键作用。忘却是成功转型的普遍适用性原则。这是商界领导者必读的一本书。

——尼尔斯·施达姆,德国电信首席数字官,慕尼黑电路董事会成员

"我们正在经历一个前所未有的变革时期。许多组织和个人所面临的挑战是，如何在没有任何指导的情况下从当前形势进入全新的形势。许多人所应用的商业模式和流程已经过时，因而不能产生其所期望的成果。本书提出了另一种观点，首先是要忘却旧方法，以适应未来的需求。"

——乔拉·吉尔，《经济学人》首席数字官

"我们都经历过这种状况：意识到自己正面临极具挑战性的障碍、环境或条件，也知道必须做一些事来改变这种状况。大组织的转型也要从小处着手，首先必须转变我们自身。巴里·奥雷利告诉我们所有人要忘却以创新自己的方法。在这本全面而有见地的书中，他提供了一个可操作的框架，帮助我们学会忘却，以找到不同的做事方法并取得成功。"

——利·希克曼，硅谷产品集团合作伙伴，
奥比多公司产品管理部前副主管

"如此多的组织都牢牢抓住其过去的成功之法不放手，而难以探索新的方法。这些制度化了的知识变得如此根深蒂固，以至于使转型几乎成为不可能。《关键突破：如何实现个人和团队的持续跃迁》一书对于领导者是一个很好的提醒，我们需要面对未来而不是沉迷于过去。随着世界的不断变化，忘却已成为促使团队对其未来战略和成长进步负责的一个重要工具。"

——安德鲁·梅耶，英国国家医疗服务体系数字部总监

"我们都看到过行业巨头因缺乏转变、不能适应周围环境变化而倒下的例子。其实它们都看到了正在发生的变化，但是却被自己一贯的做法和行为习惯所禁锢。在《关键突破：如何实现个人和团队的持续跃迁》一书中，巴里提供了很多真实的事例，以帮助领导者在避免掉进这个陷阱的同时能够重新确定自己的工作方法。这本书提供了非常实用的步骤，教你如

何忘却过去的成功之法，并再学习新的思维方式和工作方法。对于任何想使自己及公司在持续、快速变化的环境中领先于竞争对手的人来说，这是一本必读的书。"

——杰夫·赖尔，律商联讯执行副总裁兼首席技术官

"在快节奏的数字环境中，我们需要不断创新并以不同的方式思考，以推动成长进步。通过应用'忘却、再学习和突破'三步法，可以帮助你忘却不再能为你带来成功的旧方法，忘却旧习惯，并适应具体的环境，以取得非凡进步。巴里提供了很多相关的例子，给出了很多可以在商业及日常生活中应用的工具，以帮助你将忘却体系带入生活。"

——萨拉·巴特莱特，"出行时间"集团前首席营销官

"历史告诉我们，过去的表现并不能保证未来的成功。巴里提醒我们，对自己的假设进行质疑，不断寻求新信息、获取新观点，并确定需要被忘却的东西，这些都是多么重要。回顾自身经历，我们都可以找出这样的例子，即被自以为正确的信念所阻碍，只愿选择相信那些能够证实自己的观点和假设的数据与信息，而不愿意主动搜集质疑性的信息。忘却的技能没有组织或角色的界限。对于任何在这个不断变化的世界中寻求繁荣发展，并想要打破创新性总被扼杀掉的恶性循环的人来说，这是一本很好的读物。"

——詹·班尼特，谷歌云首席技术官

"如果你不能为企业带来创新，你就会被淘汰掉。而要做到创新，你就要忘却所有影响你的效率的过时思想和方法。这本书会指导你并帮助你做到这一点。"

——安德里亚·科克罗夫特，云计算先驱

"我相信'传统思维往往会产生传统结果'。从这个角度来看，巴里·

"奥雷利是一位非传统思想者,《关键突破:如何实现个人和团队的持续跃迁》一书是他的非凡之作。如果你是一位寻求高速发展和非凡成就的商界领导者,那么你应该读一读这本书,把它当作一个工具包,以解放思想,推动你自己、你的团队以及你的公司达到新的高度。"

——布兰登·贝内斯肖特,Toptal 联合创始人兼首席运营官

"巴里极具创新性的体系所强调的是,无论是对个人还是其所领导的组织来说,忘却那些曾经有效,但却在新环境中可能会限制其在未来取得成功的做事方法,这一点是至关重要的。"

——特仑·彼得森,第一资本网络安全部副主管

"无论你是正在努力使自己的组织迈上新台阶的一位高管,还是你仅对如何能更好地释放自己的潜力感兴趣,《关键突破:如何实现个人和团队的持续跃迁》都算得上是一本引人入胜的书。书中所提到的概念都很好理解,并且看上去都是十分浅显的。然而,它促使我们要走出自己的舒适区,并向我们展示了如何系统地做到这一点。巴里提供了一个有力的体系,将忘却的原则进行分解,并为我们提供了实用可行的技巧来将这些原则重新组合在一起。《关键突破:如何实现个人和团队的持续跃迁》一书不仅仅是对你智力上的一个刺激,对于任何想要认识并超越自己的人来说,它都是一本必读之书。"

——杰罗姆·博诺姆,美国专业健康公司首席技术官兼执行副总裁

"当我们审视自己生活中乱七八糟的杂物时,会很容易地理解清除不需要的东西有助于为重要的东西腾出空间。学习也是如此。然而,人们经常发现要放弃自己的习惯是很困难的,即使有时候它已经对未来的成功造成不利影响。巴里的书指导我们如何去忘却旧习惯,拥有再学习的思维方式,以达到自己的目标。我向所有正在工作中经历或引领结构转型的人强

烈推荐这本书。"

——泰尼亚·克雷帕特，TED 移动平台主管

"在全球化和日益去中心化的世界中有效地经营，意味着要忘却旧习惯，忘却偏见和直觉。我们面临的挑战是要提高觉察意识，有实验精神，以及对变化持开放态度。《关键突破：如何实现个人和团队的持续跃迁》是一本出色的读物，它提醒我们要改变，要安之若素地适应逆境，也教导我们在尝试新事物中学习是建立新行为、改善合作方式的最好方法。"

——罗恩·迦勒特，ConsenSys Labs 合伙人

"这本书的神奇之处在于，它向我们展示了成长、改变和进步不是来自于学习更多，而是来自于忘却那些限制我们，使我们一直停留在舒适区，最终对我们的创新与事业造成影响的东西。这本书向你展示了取得进步的方法。"

——杰克·塔塔尔，
畅销书《加密资产：数字资产创新投资指南》合著者

"天呐，我多么希望在我的职业生涯开始时就可以接触到这样一本书。现在我终于知道为什么我的领导作风、领导风格，甚至我自己的偏见都会阻碍我前进。学会忘却，它能教你如何提高工作效率，避免心理障碍，并通过应用新的思维模式快速转变，以推动你的职业发展，改善你的社交互动，真正帮助你享受工作。"

——芬·古尔丁，英杰华集团全球首席信息官，
《心流——改革者、独行侠、创新人士和领导者的手册》合著者

"我在 IT 行业工作了 20 年，一直致力于文化转型，以推动杰出领导者不断前进。巴里的书为打破领导力方面的陈旧观念，进而切入有效方法的核心这一问题提供了多项工具。《关键突破：如何实现个人和团队的持续

跃迁》一书提醒你不要随波逐流、贪图舒适，它为你应对每一次挑战、获得发展和成长提供了框架。创新和转型是我们作为领导者，能够有意愿主动寻求变革以取得成功的产物。"

——亚伦·加特，海湾俱乐部首席信息官

"《关键突破：如何实现个人和团队的持续跃迁》如同一块威力巨大的魔法石，它提供了一种切实可行的方法来深化创新，以使你在各个方面获得出色的表现。'忘却、再学习和突破'的三步法模型是通往成功的重要体系，它既好理解又易执行。你想取得顶级水平的成绩吗？那么你就需要忘却的能力，而巴里·奥雷利向你展示了如何能够拥有这种能力！"

——卡伦·马丁，卡伦·马丁集团有限公司董事长，
《清晰至上》《杰出组织和价值流图》作者

"我们都想在工作中表现得更加优秀，而巴里·奥雷利提供了一种强大的思维转变方法：你不能只管增加新技能——你还必须有意识地消灭那些经常让你陷入困境的隐形习惯。忘却是一个非常有力的概念，但我真正喜欢这本书的地方在于，它不仅仅是提出了一个概念，它更像是领导力方面的一门研究生课程，有效地综合了商界很多最佳书籍和实践方法。《关键突破：如何实现个人和团队的持续跃迁》正如30本好书合而为一。"

——杰克·纳普，畅销书《设计冲刺》作者

"简单而明显的变化并不总是那么容易做到，且变化明显与否应当从旁观者角度来看。我非常认同这一说法，即只有你改变了自己的行为，你才能从中学到些什么，而对改变产生阻碍的根源往往是你过去的成功和当下的身份。你做事的方式决定了你是怎样的人。忘却通过包含反馈的循环体系使我们得以重新审视自己该如何做，以及为什么要这样做。最重大的进步往往不是来自于增加什么，而是来自去除不必要的和无用的因素。如

果你想在未来得到更多，那么你就需要忘却当下阻碍你的因素。本书包含很多相关的轶事和真实事例，书中所阐述的忘却体系，不仅读来有趣、易于理解，而且是一个可操作的模型。"

——安德鲁·克莱·谢弗，Pivotal 高级技术总监，
Puppet 系统联合创始人，DevOpsDays 核心组织者，
《网站运维：从敏捷开发到敏捷运维》作者

"巴里提供了一个可操作的体系，用以帮助领导者和组织忘却阻碍其应对当今挑战的过时方法。"

——芝华士·纳姆比尔，威瑞森云平台工程执行董事

"巴里指出了一个很容易被忽视的学习要素。我们不能总是往自己的知识库中增加新知识。在我们学习新的模式和行为之前，必须花时间检查一下，什么样的模式和行为已不再有效，并学会去忘却它。巴里提供了一个清晰明了的模型来帮助领导者做到这一点。《关键突破：如何实现个人和团队的持续跃迁》对于具有成长意识的专业人士来说，是一本必读之物。"

——特里萨·托雷斯，Product Talk 软件创始人及产品研发教练

"巴里给领导者的建议简单而低调，却包含关于创新和成长的深刻真理。有时，最好的前进方式就是后退一步。"

——乔什·赛登，《感知和响应》《精益设计》合著者

"很多时候，我们的团队、领导者和文化都会抵制新想法，这不是因为大家从根本上不相信这些新想法，而是因为这些新想法迫使我们以与'我们的惯常做法'相冲突的方式做事。这一问题比其他问题更加重要。令人惊讶的是，这正是本书试图正面解决的问题，以帮助你及你的组织忘却那些阻碍你的潜力发挥的行为。"

——杰夫·戈塞尔夫，《感知和响应》《精益设计》合著者

"《关键突破：如何实现个人和团队的持续跃迁》一书是每一位寻求成长的领导者的必读之书。这本书所深入探讨的核心问题是，领导者及其组织因无法适应新的现实条件而面临的转型问题。解决这一问题的方法不仅仅是学习新的工作方法，而是要有效地摆脱限制了我们的思维与行动的过时习惯。这样我们才能在建设未来的过程中，成功应对不确定性并获得繁荣发展。"

——梅丽莎·佩里，Produx Labs 首席执行官，《卓越产品管理》作者

"新的竞争优势不是比竞争对手学得更快，而是迅速将所学内容付诸实践。巴里的书是如何做到这一点的权威指南。"

——大卫·布兰德，Precoil 创始人，《商业构想变现》作者

"当你的一贯做法不再奏效时，你需要读一读这本书。"

——乔尼·施耐德，思特沃克公司代表，
《理解设计思维、精益和敏捷》作者

"摒弃旧的坏习惯，接受新的思维方式和工作方法，无疑是当下的关键技能，而在这本书中，巴里为我们提供了如何做到这一点并在未来取得成功的蓝图。"

——马丁·埃里克森，Mind the Product 大会创始人，
《产品领导力》合著者

前　言
忘却的非凡力量

> 如果你总是设法按常规做事，你将永远不会知道自己有多么惊人。
> 　　　　　　　　　　　　　　　　　　——马娅·安杰卢

2010赛季初，网球巨星塞雷娜·威廉姆斯（Serena Williams）正处于自己运动生涯的高峰期。她当时是世界排名第一的女子网球选手。然而，在慕尼黑一家餐馆用餐时，塞雷娜不小心踩到了一些碎玻璃。第二天，在缝了18针之后，她还参加了一场表演赛，但是在接下来的整个赛季都不得不退出比赛。这一年下来她的世界排名降至第四。

2011年的前半年，塞雷娜都因脚伤（还有肺栓塞和血肿）而不能参赛，随后她回到了球场。这一年她的单打记录是22胜仅3负，其中包括一次在温布尔登锦标赛第四轮中的战败，和一次美网公开赛中连胜直至最后决赛中的战败，她被迫跳过了澳网和法网公开赛。她在这一年年终排名第12。

当然，这些结果并不算什么，只是暂时的挫折而已，然而塞雷娜比赛成绩的下滑却还在继续。2012年，在澳网公开赛第四轮中她输给了排名第56的叶卡捷琳娜·马卡洛娃（Ekaterina Makarova）。在法网公开赛中，也就是整个赛季的第二个大满贯赛事中，一切彻底崩塌了。在第一轮中塞雷娜输给了排名第111的弗吉尼·拉扎诺（Virginie Razzano），这是她整个运动生涯中第一次在大满贯赛事的第一轮中被击败。《纽约时报》描述她这次失败是"近些年法网公开赛上最惊人、最出乎意料的颠覆……"[1]

塞雷娜满脑子都是疑惑，这严重影响她的表现。她做着她过去所做的一切——她的训练时间更长，更加努力，她的备战是完美的——但是过去曾经带给她成功的那些招数都不起作用了，她不再是不可战胜的了。

为什么她久经考验的方法不再起作用了？

为什么她不能获胜了？

她的时代已经结束了吗？

每个人的人生中都会遇到这样一个时期，那些过去曾经使你获得成功的做法不再产生同样的结果。你醒来，走进自己的办公室，并像往常一样坐到你的桌子前。但是突然你被卡住了，停滞不前，不如所愿，或者是在自己曾经的成功法宝上纠结。你发现你会这样问自己：

为什么我达不到自己所期望的？

为什么我解决不了这个问题？

为什么我总是逃避接受这类挑战？

世界在发展，环境在变化，会不断出现新标准。人们发现自己总是被困在固有的思维模式和行为当中，而不会调整适应。很多人直到吃了很大亏才会认识到新的事实。

这就是成功的悖论。当你想起或实践某些在过去曾使你获得成功的方法时，它几乎肯定不能在将来继续使你获得成功。关键在于你要及时识别出这一信号并取得突破。曾经使你成功的策略也会使你衰败。挑战在于你要及时调整适应，不要被困在过去。

但是如何做到呢？

我写作《关键突破：如何实现个人和团队的持续跃迁》这本书的灵感来自于为高效能人士做提升培训的经历，我在这些人身上一再发现一个重要的阻碍性因素——重要的不是没有能力去学习新东西，而是没有能力去忘却那些曾经有效但如今已经限制其发展的思维模式、行为习惯和工作方法。

卓有成效的领导者们经常会寻找灵感和新思路。但是在任何实际的突破发生之前，我们需要摆脱那些限制我们潜能及当下表现的旧模式、习惯和行为。我们必须忘却过去的成功之道以寻找未来持续成功之法。

在本书中，我要分享"忘却循环"是怎样的一种新思想，一种引领任一行业的新方法。学习更多知识并不难。难的是要知道去忘却什么，在哪儿停下，以及丢弃什么。这正是本书的重点所在。

我相信我们都会成长，拥有影响力，并取得非凡进步——我已经一次又一次地见证了这一点。杰出人物不是靠机会或者运气取得成功，而是靠不断地、经常地应用忘却的体系——有时是有意的，常常是无意的。我的愿望就是将这种超能力赠予你。

我将忘却定义为这样一个过程：放弃、远离并重铸过去那些很有效但现在却限制我们成功的思维模式和习惯性行为。这样做并不是忘记或丢弃知识和经验；这样做是有意识地放弃已经过时了的信息，并且积极地收集和吸取新信息，以实现有效决策和行动。

忘却是学习能力中必要但却常被人们忽视的一步。大多数人都同意我们要努力掌握新技能以取得进步，而只有少数人认识到我们的既有知识和专有技术会抑制我们前进。不是所有的学习都无可非议地有益。我们也可能学到错的东西、坏的习惯，以及不完善的或曾经有用但现在已经过时的思想。忘却我们的想法和行为起初可能会比学习更难。

在本书中，我们将深入探讨忘却的习惯——它是什么，为什么你需要掌握它，以及你如何才能将它的惊人力量运用于你自身、你的团队及你的组织。如果你已经感受到你曾经忘却过，非常棒——我会教你怎样地有意为之。如果没有，我会教你刻意练习。

我将向你展示如何既往大处着想，又从小处着手，以及为什么选择敢作敢为而非舒适安逸，可以使你取得从未设想过的巨大飞跃。你将会看到化解不确定性能为你带来多么巨大的成长和影响力，我会为你提供一套已被证明成功的体系来帮你忘却那些曾经（但已不再能）助你成功的事物，继而学习在未来你真正需要的东西以取得不断突破。

让我们开始吧。

对本书的赞誉

前言　忘却的非凡力量

第 1 章　为何要忘却 // 001

第 2 章　如何忘却 // 011

第 3 章　清除障碍 // 028

第 4 章　忘却 // 048

第 5 章　再学习 // 062

第 6 章　突破 // 082

第 7 章　忘却与管理 // 100

第 8 章　与客户一起忘却 // 127

第 9 章　与员工及组织一起忘却 // 147

第 10 章　忘却的激励机制 // 172

第 11 章　商业与产品创新中的忘却 // 194

第 12 章　结论 // 209

致谢 // 217

注释 // 219

目　录

第 1 章
为何要忘却

你必须忘却你已知的。

——尤达

当塞雷娜·威廉姆斯评估自己在球场上的一再失利时,她很担心自己传奇般的职业生涯可能要走向终结了。2012 年,网球大满贯锦标赛女子选手的平均年龄只有 24 岁。[1] 塞雷娜快 31 岁了,她的大半生时间都是在做职业网球选手,而在过去的两年中她没能赢得任何一场大满贯赛事。这势头非常不乐观。

她已经做得很好了,但是据媒体报道,塞雷娜想在自己的职业生涯画上句号之前,再赢得一次大满贯锦标赛的冠军。[2] 她的愿望非常明确,但却无法实现。这时候她需要摆脱恐惧,转而将注意力集中在自己想要达成的结果上——赢回比赛。"我决定要拼死一试,"她说,"无论如何,我一定要回到球场。我如果不去试一试那太匪夷所思了。"[3] 难以置信的是,最后是在一个非常出乎意料的地方,由一个非常出乎意料之人坚定了她复出的决心。

在法网公开赛严重失利之后,塞雷娜在巴黎找了一块可以训练和放松的球场。她找到了由帕特里克·穆拉托格鲁(Patrick Mouratoglou)经营管理并担任教练的一所面向青少年的网球学院。穆拉托格鲁指导过少量非顶级选手——此时他正在指导排名第 37 位的男子选手格里戈尔·迪米特洛夫（Grigor Dimitrov）——他并没有优秀的执教背景，而在此前他也从未指导过塞雷娜级别的选手。

帕特里克的父亲创建了新能源法国电力公司（EDF Énergies Nouvelles），这家可再生能源公司使他跻身于法国最富有的人士之列。15 岁时，帕特里克是一名网球初级选手，他的梦想是成为职业选手，然而他的父母却坚持要他好好读书以便有朝一日接替他父亲的职位。帕特里克遂了父母的心愿。他放弃了网球，在学业上加倍用功，最终在新能源法国电力公司取得了一个职位，并由此走上了商业和管理道路。

尽管如此，网球对他的致命吸引力并未消失，26 岁这一年，帕特里克放弃了家族企业，创办了自己的青少年网球学院。聊到和父亲之间的艰难谈话时，穆拉托格鲁说："我告诉他，我很抱歉。管理企业确实挺有意思，但是我并不热爱它，我想我的生命充满热情——我真的很想要自主。"[4]

塞雷娜来到穆拉托格鲁的网球学院后，帕特里克看了她 45 分钟的训练。他观察塞雷娜如何在球场上移动，如何击球，如何发球以及如何截击空中球，之后他给了塞雷娜非常直接的反馈。"你每次击球的时候，都不太平稳，这使你失误很多，"他告诉她，"还有，你的能量消耗是由于你的体重承受不了（击球），而且你的移动也跟不上，所以你打得很慢。"[5]

塞雷娜对于帕特里克的见解感到很好奇，说："那我们来练练吧。"[6]而这正是他们所做的。在接下来的一周时间里，他们每天一起训练，之后塞雷娜回到美国家中为温布尔登锦标赛做准备。

就在温布尔登锦标赛开赛前几天，塞雷娜决定雇用相对来说没有足够资历的法国人帕特里克·穆拉托格鲁做自己的教练。帕特里克的突然介入就像是当年她的父亲理查德·威廉姆斯（Richard Williams）第一次将网球拍交到塞雷娜和她妹妹维纳斯（Venus）手上时一样。而接下来所发生的事情真是非同凡响。

塞雷娜赢得了她随后的19场比赛，并一举摘得温布尔登锦标赛和美网公开赛的桂冠，同时她还获得了2012年夏季奥运会网球项目的金牌［她直落三盘击败了玛利亚·莎拉波娃（Maria Sharapova）］和赛季末国际女子网球协会巡回赛的冠军，击溃了莎拉波娃（再次直落三盘）。这一赛季结束时她是世界排名第3的女子网球选手。

塞雷娜·威廉姆斯强势回归了。

当塞雷娜决定要帕特里克·穆拉托格鲁代替自己的父亲做教练时，她冒了巨大的风险。网球教练界是非常注重以一贯固定的标准来训练选手的，穆拉托格鲁的训练方法被认为是完全出格的，甚至是激进的。帕特里克的优势是他将做生意的技能加以调整并应用到自己的执教中。他用的是整体性的训练方法，不仅针对比赛还包括心态和精神——这正是现在人们总强调的塞雷娜最强势的一点。

用帕特里克的话说：

> 我的目标一直都是通过个性化的训练使得每一位选手都将自己的潜能发挥到最大化。我的方法包括要和自己的选手建立联系……我不相信有一种放之四海而皆准的训练方法，而是要通过多种方法来训练一个选手，为每位选手量身定制个性化方法才能使其成功。我的工作是不断调整而不是不断重复"众口一菜"的模式。[7]

威廉姆斯和穆拉托格鲁都跳出了他们的舒适圈，这对于比赛获胜来说是必须的。他们都要证明什么，有一个目标在推动着他们。塞雷娜想向世界展示她不会就这样算了——她还可以再拿下一次大满贯——而帕特里克想向墨守成规的网球教练界证明他的方法被误解了。如果他们联手失败了，那么威廉姆斯的运动生涯可能就此落幕，而穆拉托格鲁也会回到他那无人问津的青少年网球学院，他俩同时从一场在公众眼中极不正确的试验中受到了磨炼。

塞雷娜选择帕特里克就是直接将自己放到了不熟悉的、未知的和不确定的处境中。塞雷娜十分清楚从自己的父亲，也即她的终身教练那里能够获得什么样的期待，但是从穆拉托格鲁那里却不能，当她决定雇用他的时候，她对他的了解仅仅限于几周时间。但是塞雷娜知道是时候放弃并远离那些她过去追求胜利时所做的事情了——她要再拿一次大满贯冠军。

在穆拉托格鲁的帮助下，塞雷娜·威廉姆斯开启了忘却那些不再能为她带来成功的方法的过程，同时学习球场上的新技巧和战术——这使她的表现取得了突破。

他们有远大的理想（再拿一次大满贯冠军）但从细小处着手，并在日常训练中加入了微小的调整——绝无大动作——例如试着加快塞雷娜的脚步以便她能及时摆好姿势快速击球。随着每一小步都显示出进步的迹象，他们之间的信任与日俱增。这也使塞雷娜有信心要远离那些舒适而确定的老方法以应付新挑战并获胜。

除此之外，帕特里克还帮助塞雷娜看到了自己在比赛中的盲点，引发了她的新观点、新想法和新行为。例如，他说服塞雷娜相信赛前准备的重要性，包括要分析自己的每一个对手，探索可能的比赛场景，以及学习在比赛中可能会用到的战术。据穆拉托格鲁说："你所获得的信息越多，你就越有信心与他们对打。"但是，他也指出："我不知道她之前是否相信（这种方法），但她显然并没那样做过。"[8]

塞雷娜听从了她的教练的意见，她调整了自己打比赛的方法——一小步一小步地，同时也加入了新东西。穆拉托格鲁在谈到关于塞雷娜不断激发自己比赛状态的动力时说："她讨厌总是做一样的事情。她是一个爱学习、爱进步的人，所以在她的比赛当中增加新东西是很重要的。"[9] 简而言之，塞雷娜忘却、再学习、然后取得了突破——一次又一次——她取得了越来越好的成绩。

每一次突破都促使塞雷娜的意志更加坚韧，也增强了她能一次又一次地从困难和失败中走出来的信念。她形成的一套忘却体系使她得以忘却那些阻碍她的东西，从而在她最需要的时候取胜。据网球运动心理学家吉姆·洛尔（Jim Loehr）所言，塞雷娜的对手都很清楚何时她准备好要赢回来。洛尔说："突然间她的脚步就不一样了，动作也不一样了，那她的对手就知道肯定是要完了。"[10]

塞雷娜的非凡进步与其深厚的韧劲是分不开的。当女子网球选手输掉开局比赛时，她们平均只有25%的机会能够赢回整场比赛。[11]然而，当塞雷娜输掉第一盘时，整场比赛的胜负对她来说似乎仍有着同等的概率。在她的整个运动生涯中，92场比赛中有90次都输掉了第一盘——她后续赢回比赛的概率几乎是平均统计概率的双倍。更棒的是，如果比赛进行到第三盘，那么有70%以上的概率都是塞雷娜获胜，创造出了150－59的纪录。[12]

在2002—2003赛季的赛程中，塞雷娜同时获得四大满贯赛事冠军，这使她成为历史上取得如此成就的屈指可数的网球选手之一——被媒体称为"塞雷娜大满贯"。在经历2012年法网公开赛失利后复出，塞雷娜的梦想更大了，她产生了一个更具雄心壮志的想法——第二个塞雷娜大满贯。这就是她的新目标，并且她在2014—2015赛季实现了这一目标——第一次塞雷娜大满贯之后的第12年——她成为两次获此殊荣的唯一一人。

在她身旁的是谁？帕特里克·穆拉托格鲁。塞雷娜说："当2012年我和帕特里克一起获得我复出后的第一个大满贯时，我就知道我的人生和我的运动生涯改变了。在2017年澳网公开赛中我们破了纪录，获得了我的第23个大奖——也是我们一起获得的第十个大满贯。第23才是我们的开头。他对我说，为什么要限制我自己呢？"[13]

自从2012年在巴黎的法网公开赛中输掉首轮比赛，然后和帕特里克·穆拉托格鲁开始合作，塞雷娜·威廉姆斯在她所有参加过的22次大满贯锦标赛中共有14次打进最后决赛，其中10次获得冠军——2017年澳网公开赛时她还怀有8周身孕！[14]难怪很多人都认为塞雷娜不仅是体育史上最棒的女子网球选手，而且是最棒的网球选手。

当然很多领导者、主管、经理、团队或企业可能都无法取得像塞雷娜在球场上所取得的成就，但是他们都可能会遇到像塞雷娜所遇到的情况——经历过去成功的做事方法不再奏效的时刻。要取得成功，他们必须忘却、再学习、并取得突破。

这就是我的忘却体系的核心，在下一章里，你将看到它如何帮助你突破那些在你生活和工作的方方面面阻挡你取得非凡进步的障碍。

被遗忘了的忘却

虽然本书只在商业背景下考虑忘却的观点，但它其实遍布我们的生活——以及人类历史——或许我们都没有意识到这一点。

大约 2000 年前，罗马帝国统治着整个西方世界。在其全盛时期，其幅员从首都罗马（当时世界上最大的城市）延伸，北到如今的英国，南达北非，东西横跨整个欧洲和中东地区。罗马帝国征服了超过 190 万平方英里的土地，包括大约 20% 的世界人口。在大约 500 年的时间里，罗马帝国都拥有有史以来最强大的军事、经济和文化力量。

数百年来，学者们都在揣摩是什么能让罗马人获得如此巨大的成功。是因为帝国领导人的远见卓识吗？是因为帝国建立在台伯河岸吗？或是众多历史事件的巧合？或许都不是。1734 年，法国政治哲学家孟德斯鸠男爵（Baronde Montesquieu）解释说罗马帝国的成功很大程度上要归功于其无与伦比的适应新情况的能力，他们能忘却以往获得成功的方法。孟德斯鸠这样说：

值得注意的是罗马人成为世界王者的主要原因在于，他们总是能在发现更好的方法时，及时放弃自己原来的做法，他们便成功地击败了其他所有民族。[15]

所以你看，"忘却"与我们同在已有很久的历史，正如它所带来的利益一样。在 20 世纪八九十年代有很多关于忘却的科学研究。然而，讽刺的是，我们好像忘掉了这些！

20 世纪 80 年代初，一个叫"学习型组织"的概念引起了研究者的兴趣。随着 1990 年彼得·圣吉（Peter Senge）颇具影响力的《第五项修炼：学习型组织的艺术与实践》（*The Fifth Discipline: The Art and Practice of the Learning Organization*）一书的出版，学习型组织的观点流行起来。

在这本书中,圣吉这样来表述他所谓的"系统思维法则":

1. 今天的问题来自昨天的"解决方法"。
2. 你越是使劲推进,系统就越强劲地反弹回来。
3. 行为变得更坏之前会变得更好。
4. 容易的出路通常使你向后走。
5. 疗法可能比疾病更糟糕。
6. 越快就越慢。
7. 因果并不与时空紧密相关。
8. 小改变能产生大进步——尽管往往不易察觉。
9. 你可以得到蛋糕也可以吃掉它——但不是同时。
10. 将一头大象劈成两半并不能得到两头小象。
11. 不要抱怨。[16]

终身学习被认为对于高效人士和组织来说是不可或缺的。因此,当美国的企业管理人员都紧跟学习组织的潮流时,研究者们发现还有一个相关概念需要引起组织领导者们的注意:忘却。

有关组织的忘却这一观点最早可以找到的参考文献包括波·赫德伯格(Bo Hedberg)1981年的一篇文章:"知识增长的同时也会随着现实的改变而过时。理解力同时包含学习新知识和抛弃过时的或误导性的知识。"[17]

换句话说,获得新知识首先需要忘却那些不再有用的知识,或者是已经过时的、成为我们成功路上的绊脚石的知识。这种忘却常常正是领导者们以及由他们领导的组织所缺少的。你只需要看看1990年以来标准普尔

500指数的变化，就会发现谁同时做到了这两方面，而谁没有。那些今天依旧盈利的公司的领导者——苹果（Apple）、亚马逊（Amazon）、谷歌（Google）以及其他科技公司——将这些教训谨记于心，而那些失败者，包括西尔斯（Sears）、雷曼兄弟（Lehman Brothers）和通用电气（General Electric）（标准普尔500指数最后的原始成员，于2018年6月26日掉出名单，在2005年还占据榜首，直到2013年还位列前五）却没有。

实际上波动不在于组织。而在于个人。想想那些伟大的领导者和他们所领导的伟大公司都有些什么共同点。他们都培养了自身的创新能力、适应能力以及展望未来的能力。他们投资于促使自身成长的经历；他们投身于不安的、不确定的、结果未知的境况。他们创造了快速实验、安全收集新信息以转化为更好东西的机制。不抱守曾经的成功之法，使他们取得了长远的成功。他们的成功不是靠魔法，而是靠方法。这不是机缘巧合或运气使然——他们有意向系统。

在我自己与世界各地很多公司主管及团队的共同工作经历中——从小打小闹的新兴公司到闻名世界的世界500强巨兽——我身临其境地感受到为了能够在市场上引领创新，无论是成熟伟大的领导者还是初出茅庐的奋斗者，都面临着怎样残酷的斗争。这启发我为"埃里克·莱斯精益系列"撰写出了我的第一本书，畅销世界的《精益企业：高效组织如何规模化创新》（*Lean Enterprise: How High Performance Organizations Innovate at Scale*）。这也使我有机会同成百上千的商业及科技领导者们一起合作，为他们建言献策并做培训。通过研究成百上千的公司和个案，我发现了是什么成就了出色表现和辉煌业绩。

我见证了是什么导致在前进的道路上，一些领导者更加快速而另一些却被困住了。过去，一个人的知识可以用一生。的确，知识可以从几代前传承下来而依旧有用。但是，随着创新的速度不断加快，曾经有用的知识逐渐过时——所以我们需要考虑忘却体系。杰出的领导者发现，并不是他们有多聪明，知道得有多多，从业有多久，或是他们学到了什么；真正重要的是，他们能觉察何时该忘却，何时该抛弃过往的成功与过时的想法及行为，并由此革新思想和方法以取得非凡进步。

是的，学习是一部分，但答案不仅仅在于学习。更难的是，我们要知道该放弃、远离和忘却什么。

在下一章中，我们专门探讨如何运用忘却的力量为你自己——还有你的团队和组织——带来好处。

第 2 章

如何忘却

当我们深入探究为什么我们不能放弃某些东西时，原因只有两个：对过去的依恋或是对未来的恐惧。

——近藤麻理惠

如今很多领导者都明白，必须不断地调整自己处理事务的方法——更快地做出决策，更灵活地应对快速变化的市场，更好地考虑客户的需求，等等。然而从旧方法转变到新方法的过程中，会面临的一个最大问题是，日复一日的惯性工作使得大多数组织领导者的神经通路逐渐变得固化或僵化。他们局限于自己周围的世界而毫无远见，被日常运营的有限信息和偏见所左右。

由于追求立见成效，加上超负荷的日程安排和快速履行决策的压力，导致他们很少有机会去反思后果。计划总是被问题打乱，就连市场环境的变化也成为一种不可控的隐性成本。很多领导者永远都没有时间来思考，我指的是深入地思考问题，想想可能的替换方案。于是，他们就采用策略性的、有针对性的方案，使得经济效率和财务收入在短期内最大化，但是最终他们却忽略了更宏大的远景，忽视了所要面对的挑战，也没有考虑客户的体验感。他们首先是没有意识到，其次，也是更重要的一点，他们没能积极忘却限制他们效率的行为和理念，致使自己和企业都陷入了没有长远利益的循环之中。很多时候这种动向都被误认为是进步。

相信我，这不是。

有时候领导者们也确实能抽出一些时间，时不时地走出工作场所去参加一些创新项目。这些创新项目可能是周末特训的形式，也可能是为期一周的项目，都是由某些世界名校、商学院或协会所举办的。当他们再回到工作场所后便会充满新想法和积极性。但多数情况下，他们很快就会返回到之前所习惯的、舒适的行为方式和思考模式之中，随即又被眼前的现实压垮。

因而，看到如今很多商界的培训和开发项目总是不见什么成效，我们也就并不感到奇怪了。《哈佛商业评论》最近的一篇文章指出，美国商业界将大量的经费花在员工的培训和教育上。据估计，2015年美国的这笔费用数目达到近1600亿美元，而全球约为3560亿美元。然而只有1/4参与培训的员工认为，培训对于自己的业务表现很重要，但"对绝大部分人来说，这种学习并没有带来更好的组织层面的表现，因为大家很快就会回到自己原有的处事方法中"。[1]

忘却与此不同。它不是一项一蹴而就的事件——它是一个体系：这个体系包括要放弃，还要在着眼未来的基础上，不断进行调整，以适应当下的具体现实。要认识到无论之前我们做了什么，对此刻来说都已经是没有用的了。你的任务是要培养审时度势、不断抛弃过时信息的能力，通过吸取新信息来启发你的思考，由此调整你的行为。

要勇于承认自己的无用功，及时放弃不再奏效的做事方法，采取行动去做那些能助你进步的事。首要的突破就是认识到，事实上你必须忘却。

锁定你的愿望或想要达到的成果——同时付诸相应的实际行动——你就能朝着你所期望的状态前进并取得非凡进步。

忘却循环

忘却体系是以三步循环法为基础来构建的，我将其称为"忘却循环"（见图2-1），它既适用于个人也适用于集体的成长。通过多年来与很多杰出的主管、员工和团队一起合作，为他们提建议、做培训使我开发出了这一体系。我将向你展示高效人士是如何自然而然地，甚至是无意识地运用这一体系的，我会教你怎样才能将它变为一个有意识的行动，不断为自己培养获得成长、取得影响力所必需的品质和能力。

采用"忘却循环"体系不需要靠聪明才智，或者天降好运，或者奋力而为，这些统统都不需要。只需要依靠你的勇气和承诺，有意识地将它运用到工作和生活当中，你就能取得非凡进步。

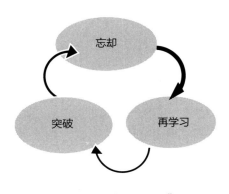

图2-1 "忘却循环"

第一步：忘却

为什么人们在一次又一次做同样的事情时会遭遇瓶颈，不能再在他们的领域引领创新，这有很多种原因。其中最主要的一个原因是，很多人错误地相信今天能成功的方法明天也同样适用。不幸的是，那些今天有用的体系、模式及方法，实际上可能会限制你做出改变的能力——也限制了你明天的成功。

本书的核心前提是假设你有很强的求知欲，并且在认识到曾经有用的习惯和行为限制了你当前和未来的成功的时候，你愿意去忘却它。你是否能够敞开胸怀接受你所做的或许不是最理想的，而是过时的、迂腐的这种观点呢？这是自知之明，是追寻成长所必需的谦逊和好奇。这也是我们必须得为吸纳新信息腾出空间和时间的原因所在。

承认并接受自己目前所做的已经没用，及时忘掉它，再去尝试做不同的事情，你是否具有这样的勇气呢？你是否怀有某些还不清楚该从哪里着手来实现的志向呢？你是否对自己有期待但却达不到期望的结果，而总是归咎于那些你知道自己并不想面对的理由或困难？什么样的挑战让你使尽浑身解数为之奋斗却依然无法摆脱困境？这些都是你的发展受到限制或是在某方面遭遇瓶颈的清晰信号，那么是时候开始使用"忘却循环"体系了。忘却不是付诸言语的，而是要付诸行动的。你不能只是嘴上说："是啊，我当然想忘却。"你首先必须明确究竟为什么你想要忘却？有什么具体的东西是你想要忘却的？

你相信这是重要的吗？你对此持开放态度吗？你有好奇心吗？如果我说可能还有比你所知道的更好的答案，还有其他能产出更好结果的方法，你是否同意？当你可以用"是"来回答这些问题的时候，那就该将注意力集中到你所要忘却的具体东西上了。

"忘却循环"的第一步需要具备勇气、自知之明和谦逊，承认你自己的信念、习惯或行为是会限制你的潜力和当下表现的，因此你必须有意地抛弃它们。这样你才能以开放的姿态发现更多新方法，因而也能突破瓶颈。解锁新技能，不断调整自己和影响周围人的关键是要从你自身开始。通过确定自己的志向或想要达成的结果——将其量化并坚持让自己对此负责——你会逐渐走向自己期望的状态并取得非凡进步。

正如爱因斯坦的名言所说："我们不可能用制造一个问题的思维来解决这个问题。"忘却的过程同样如此。只有先拿出勇气和好奇心，清晰明确地认定了什么是我们想要忘却的，然后我们才能采取下一步：再学习。

第二步：再学习

只有当你忘却了眼下限制你的，在思维中根深蒂固的那些方法、行为和想法，你才能吸纳新的数据、信息和观点。考虑一下这些新的输入，你自然就会挑战自己现有的世界观。利用这些洞察和见解，能帮助你积极改进，调整自我，获得成长。通过探索艰难的任务，你将开发出自己巨大的潜能。你会明晰自己心理上和生理上的极限所在，还会发现在通往成功的路上，刻意练习在战胜主客观障碍方面所具有的强大力量。你会不断增强自己的韧劲和自信。

但是高效的再学习能力还会面临巨大的挑战，其中很多都是由我们自己所造成的。首先，你必须去适应并打开自己，接受那些与你固有信念相悖的信息——这可能与以往你所听说的、受教的东西存在矛盾。其次，你就要学习如何再学习。最后，你要创造一个脱离了舒适圈的学习环境，使自己感到学习既是十分有意思的，又是充满挑战的。

"忘却循环"的第一步让你认识到创新的必要。而在第二步当中，你要为自己树立信心、提升能力、增加动力。也就是说，你已经开始刻意地再学习了。

你要努力去做的是，获得更好的信息并从不同的角度去看、去听、去感受，以不同的方式去应答和行动。再学习是一个供你做实验的场所——从中你能认真处理不确定性——通过刻意的、实际的、试验性的学习。

再学习的先决条件是，要质问你自己在目前的信念中对于可能性是怎样理解的。你必须着想远大，还要挑战你自己对于这个世界的看法。但在往大处着想的同时，你必须从小处着手。这样就能创建一个再学习的特定环境——由很多小步骤和实验所构成的，取得突破所必需的以及失败了也不要紧的安全环境。

在本书中，我将不断通过举例子、讲述客户故事和分析个案研究来展示安全感——不管是心理上的、身体上的或是经济上的——被证明是出色表现和非凡进步的一个主要指标。[2] 特别是心理上的安全感，根据波士顿大学威廉·汗（William Khan）的定义，心理安全感让"一个人能够正常展示和表现自己，而不惧怕自我形象、社会地位或职业上的负面结果"。我们要创造一个空间来开展可控的、可恢复的实验，带着失败了也不要紧的心态和高水平的心理安全感，允许别人对自己目前的行为做出评价，探索自我能力的边界并开始成长。

这就是我们要往大处着想但却又要从小处着手的原因——因此我们就不需要去冒无法挽回的风险。你虽然跳出了自己的舒适圈来运作，但不论是你自身，还是你的组织或团队都不会因为运作不如所愿而陷入灾难性后果。我将教你如何创建一个安全的环境，并设计出失败了也不要紧的实验，来再学习一些必要的东西，以取得最后一步的转变：突破。

第三步：突破

一旦你——不管你是什么职位，从高管到车间工——学会了如何再学习，并且能够开始接纳来源各异的新的信息流，可以说你已经基本准备好了去拥有能帮助你跻身前列的突破性思维。突破就是忘却以及再学习的结果——就是"忘却循环"的前两步所产出的新信息和新见解。这些新信息和新见解蕴藏着巨大力量，它们会对你的行为、视角和思维产生影响，当然也能为你带来相应的指导。

我已经记不清有多少次，当我采访组织的管理者和领导者的时候，听到这样的重点评论："我们来这儿真正的需求是要改变思维习惯。"领导者们总以为，只要告诉员工想法要有变化，那么员工的做法也就不一样了。这是一个谬论，实际上，这种信念必须被忘却。想法不同就意味着做法不同。当你的做法有所不同时，你就开始以不同的方式看待和体验这个世界，结果便能影响你的思维习惯。由于意识到了调整自我行为所带来的好处，也获得了转变思维的新视角，那么你自然而然就会更经常地去忘却自己的习惯性做法。这是一个递增事件。

一旦我们将自己从既有的思维模式和方法中解脱出来，我们就学会了放弃过往，去争取非凡进步。我们会认识到世界是在不断演变、革新和进步的，因此我们自身也必须这样做。要防止一成不变的想法和行为阻碍我们不断前进，阻碍我们在未来取得成功。我们所取得的突破为我们提供了一个很好的机会,对再学到的东西进行反思,也为我们应对更大、更艰巨的挑战提供了一块跳板。

这一过程可以如此简单,只需要你问问自己,哪方面做得不错,哪方面做得不好,以及假如你再一次面对同样的挑战,你所要尝试的和你将要忘却的会有何不同。将这些信息和见解输入到你未来的"忘却循环"之中,就意味着你能从每一次的循环当中获得更深刻的见解、更重大的影响和更巨大的进步。

取得突破之后,随着领导者们以新改革、新观点和新方法推进业务,循环就会重新开始。然而,经常存在的一个危险是,自满会找上门来,不断向前推进的意志也会动摇。缓慢又确定地,我们会开始寻求安逸,会逐渐倒退回我们的旧习惯中,而不是更进一步将这个通向未来成功之路的良性循环应用到更大范围中。

忘却不是一次性事件。它是持续不断的——其本身就是一种习惯和刻意练习。通过突破,我们真正试图实现的是:(1)反思我们的成果;(2)过程纠错;(3)运用新信息、保持动力并再次递进到下一循环,以取得新的突破。

要将什么放进"忘却循环"中,决定权在你自己手中,也依你的个人愿望和成长目标而定。从小处着手,在想要达成的小愿望中应用"忘却循环"体系,渐渐地你会开始考虑怎样将其应用到更大、更复杂的挑战或愿望上,直至最终——在处理每件事情上,你都会发现这一体系所具有的惊人力量。

你可以用这一体系来应对各种问题和挑战,或者抓住一切机会利用它。这样做的话,你就能学会如何在面临困难环境和不确定性情况时做出更好的决定。人们经常认为取得更大进步的唯一方法就是要从做更大的事情开始，要有大目标，下大赌注。然而这并不对。你得着想远大，但却必须要从小处着手。多尝试一些方案。你可以下很多次小赌注——而不是只下一次大赌注——来找到对你最有影响的突破。

什么都不做是失败的。那就是没有行动力。行动起来做点事情就意味着能得到一些新的、甚至是意外的信息或见解；所以，无论如何，只要有行动对你来说都会有积极的结果。你总能学到一些什么，发现一些什么，或者是否决一些什么。

正如哲学家埃里克·霍弗（Eric Hoffer）所说："在这个剧烈变化的时代，只有爱学习的人才能成为未来的继承人。有学识的人经常会感到他们有能力在焕然一新的世界里生存。"

| 忘却小贴士 |

- 在哪些方面你达不到自己的预期？
- 在哪些事情上你没有看到自己想要的结果？
- 你愿意做些什么来改变这些结果？
- 你怎样才能在跳出自己的舒适圈后获得成功？
- 你是怎么理解"往大处着想但从小处着手"这一观点的？

一旦你对这些问题有了答案，那就意味着你已准备好了开始你的"忘却循环"，去争取非凡进步，获得影响力和成长。

忘却行动

国际航空集团（IAG）——爱尔兰航空公司（Aer Lingus）、英国航空公司（British Airways）、西班牙国家航空（Iberia）、水平航空（LEVEL）、伏林航空（Vueling）、阿沃斯集团有限公司（Avios Group Limited）以及国际航空货运公司（IAG Cargo）的母公司——是欧洲第三大航空集团、世界第六大航空集团，2017年其营业收入达229亿欧元。它有超过63000名员工，547架飞机，每年运送乘客约1.05亿人次。[3] 几年前，公司觉察到，将其主管和高级经理送去短期培训工场或课程班学习，还不足以有效地拨动他们行为习惯的指针。公司很明智地认为，要带来真正的转变，让那些富有经验的领导者参与更深层、更长期的创新任务是必不可少的。

国际航空集团提出了这样的问题："我们怎样才能既往大处着想但又从小处着手，拥有系统化、持续化的影响力，以强化我们领导者的领导力和我们对于整个行业的带头作用呢？"

他们的答案是什么呢？他们想，如果让集团的六位最高领导者去参加为期八周的公司内跨业务分工训练，结果会如何呢？也就是说，让他们完全从各自的日常职责中脱离出来，去完成启动新业务的任务从而分解他们的现行业务，反过来也促进他们自身能力的提升。让他们有足够的时间与专注力去充分了解、利用本行业的运营现状，看他们如何应对不确定性。通过这个新方案能否挑战这些高级领导者的想法，使他们创造新的神经通路、形成新习惯和创新的工作方法呢？

如同安德斯·艾利克森（Anders Ericsson）——绩效专家和《刻意练习：如何从新手到大师》（*Peak: Secrets from the New Science of Expertise*）一书的作者所建议的，这类对主管和商界领导的刻意训练，给他们安排彻底改造自己业务、工作方法及他们自身能力的任务，会为整个组织的产出带来巨大的促进作用。通过接受他们舒适圈之外的挑战，运用新方法、新工具和新技术的实验，这些领导者们能够解放固有的行为习惯和短视思维，从而在绩效上更上一层楼。

国际航空集团意识到，他们不能再依靠产出太少的偶尔外出培训的被动创新之法，或者是坚持等待来得太迟的年度创新项目。他们需要创造一个可持续的体系来推动公司的创新，从而摆脱一味地依赖同样的老做法却又期待得到不同结果的模式。所以国际航空集团设计了一个目的导向的"培养皿"，来帮助这些领导者忘却过往的创新方法，让六位最高领导者参加为期八周的"提升"再学习，通过在工作、体验和看待世界等方面尝试不同的方法来实现他们期望的突破。

我有幸和国际航空集团的团队合作，一起应对这次"提升"挑战。团队的任务是要利用多种不同的观点重新分配他们的工作和现行业务，然后通过测试来断定哪些观点是有用的、哪些观点是没用的。我们会让大家走出各自的舒适圈，转移到一个更开放的安全环境中，忘却旧的工作方法，再学习新的方法，开发出既能助力个人成长，又具有体系性影响力的突破性想法和行为。

参与挑战任务的领导者要学习做到的是——充分利用足够的时间，以足够的专注力和特许的权限大显身手。若还如从前一般行事就会被认为是学习失败了，他们还要达到我们为其所设定的目标——探索出六种有望改变行业进程的方案，当然反过来也要为国际航空集团和他们本人带来转变。

在为期八周的"提升"专训初期，国际航空集团团队中的一位成员想出了一个主意，大家都认为那可能会革新乘客订票的体验。航空业预订和购票的工作是极其复杂的，因为它可以由多种方式来完成。比如你可以直接从航空公司官方渠道订票，也可以通过代理机构或航班购票平台订票，甚至你还可以当天在机场柜台购票。航空公司可以从你订票的方式中对你有所了解，并在此后为你提供一些相应的定制服务项目。

如果你是一位忠实的老客户，同时你还支付了相应的附加费，那么航空公司会以特别优待回报你——登机口服务员会为你直接升级头等舱。然而，如果你是通过代理商或中介订的票，航空公司就不会将会员信息附加到你的机票上。所以当你走到柜台前时，由于他们手边没有凸显你"特殊地位"的信息，也就不会为你提供特别服务。

这种令人不快的体验是很多乘客都经历过的，也是航空公司很想解决的问题。他们想通过已获取的乘客个人信息、乘客的特殊状况以及乘客乐意分享的数据等，来提供情境式服务或个性化的体验，使每位乘客都获得被优待感。

在所有行业当中，航空业所获取的客户个人信息往往是最多的。他们知道你的姓名、地址、航班费用、起飞地点和目的地是哪里。他们知道你喜欢吃什么喝什么、你从他们的航班免税商店买了什么以及你愿意坐头等舱还是经济舱。他们还知道你是否会享用他们的附属酒店、汽车租赁或其他第三方服务。他们也能知道你是一位值得信赖的客户，还是需要机场安检仔细检查的乘客。在航空业里，拥有最广阔平台和网络的公司就是赢家。

所以当"提升队"一位队员观察到这一体系并有了改进想法之时，他确实体现出了学以致用、积极创新的风采。他是一位专家，所以他不仅相信自己有答案，而且十分自信他提出的想法就是最好的主意：做一个新的订票平台。他确信这个想法一定会受客户欢迎，并且能够转变公司业务现状——甚至是整个行业——假如人人都能通过这样的方式来搭乘飞机的话。他默认开启"高薪人士意见"模式，将自己的想法强加于人，而不是从公司客户的角度出发去想主意。

这位"提升队"成员所真正需要的是，忘却自己头脑中关于产品创新方面那些比较老旧的创新方法和行为。

我们鼓励他为自己这个新的订票平台草拟一个简单的样本，然后现场找一些实实在在的客户来进行测试。测试所得的反馈并不怎么样。实际上，还挺糟糕的。客户根本不买账。

他拒绝接受反馈意见，坚持认为是测试有误，是我们选择测试的客户群体有问题。"真正懂得航空票价和机票类型的客户一定会理解，为什么这是一个如此伟大的新产品——为我找到拥护这个想法的正确客户。"他说。于是我们重复了测试过程。但是，我们得到了与此前相同的结果和反馈。他还是坚信我们没有为客户解释清楚我们所要提供的是什么样的服务，于是我们一次又一次地重复这个过程。大约过了四轮之后，还是得到同样不如意的结果，于是我就和他坐下来一起反思。

"你觉得问题是什么？"我问。

"是想法，不是客户。"他说。

这位领导没有意识到他已进入了"忘却循环"模式。基于重复、反思和回顾，他的突破产生了。他发现问题在于我们自身的思维和行为，而不是客户的。通过采纳"忘却循环"体系，他的思维转变了180度。他领悟到了新行为的好处，并开始加速忘却自己旧的想法和行为。

这位领导意识到了每一个伟大的想法、每一项新的改革，最多就是一个猜想——一个信念和假设——而我们必须设计实验来测试我们的假设，最好能使我们的目标客户一同参与测试。他们的反馈能跨越创新所固有的不确定性，他们是最权威、最客观的向导。当我们开始以这种方式来看待世界的时候，每一件事就都变成了忘却、再学习并取得突破的机会。国际航空集团的这位领导，最终成为团队当中最出色的一位，因为他已经开始在他工作的方方面面都应用"忘却循环"体系。他在自认为了如指掌的每一件事情上都转变了行为习惯。他变得重新好奇起来，通过忘却，他将障碍转变为获取影响力的机会，也逃离了"我（必须）知道所有答案"的陷阱。

他由知道一切转变到了忘却一切。

国际航空集团意识到"提升"只是开始——第一小步。他们原本想要探索如何能够改变行业流程、转变公司及其领导力的预设目标，最终促使国际航空集团实现行业创新。他们启动了自己的风险基金，"吊架 51"（Hanger 51）加速项目——与行业里的新兴公司和破产者合作——进一步挑战自己的想法和行为，充分利用其现有资源并加速开展改革创新活动。他们利用区块链技术首次启用数字身份服务，帮助航空公司相互间安全共享搭乘转接班机的客户数据。他们用简单的方法使客户能够记录并分享自己的旅程，确保客户获得永远难忘的经历和探险体验。他们还利用预测分析方法对凌乱的客户反馈进行分析，特别是自动归类数据的运用，能够在几分钟内迅速以可视化方式呈现重要发现（过去通常需要数个月时间手动分析数据完成），这就大大优化了他们设身处地为客户着想的服务流程。[4]

最近，国际航空集团再次证明，当他们从小处着手的时候，他们仍然是在往大处着想。2017 年 3 月，国际航空集团启动了一条全新的横跨大西洋的航线，即水平航空（LEVEL），来应对低成本、长距离市场日益激烈的竞争。水平航空在航线刚启用的头两日就售出了 52000 张机票，而一个半月之后，售票数量已超过 147000 张，这远远超出了国际航空集团的预期。[5]

尽管这些创新都是国际航空集团相对于整个行业的显著突破，但这些创新所产生的最大影响则是更持久、更深远和系统性的——领导层的思想转变。组织上下的所有领导都受到"提升"经验的启发，他们满怀信心与能力返回公司，变得不再安于现状，而是学会了积极忘却，同时也帮助其他人忘却、再学习，并取得突破。

国际航空集团阿沃斯集团有限公司（Avios Group Limited）首席数字官斯蒂芬·斯科特（Stephen Scott），分享了他从这次经历中得到的一个重要反思："忘却意味着不能被过去奏效的做事方法困住。当 97% 的人都认为你应该回到你过去常做的事情上，或是反对你正在尝试所做的改变，你仍坚持认为自己会有所发现，那就是突破之旅开始的地方……"如今，国际航空集团及其领导层都将拥抱不确定性看成是跳出舒适圈、挑战自我并取胜的机会。

何时该用"忘却循环"

我们现在已经清楚"忘却循环"是如何发挥作用的，还有一个重要问题：我们该在何时忘却呢？毫无疑问，我的答案是："一直。"但首先，让我们来考虑一下某些能告诉你应该立即进入"忘却循环"模式的信号。

一种最明显的情况，是当你尝试了一切手段去战胜某个考验，但是却没能达到期望的结果，你辜负了自己的期望，或者仅仅是被困住了。正如国际航空集团领导层所认识到的，依靠外部创新或是培训证书都不能为其管理者的长远行动和思维提供持久的影响力，你也必须鼓起勇气并深刻认识到必须放弃当下不怎么奏效的做法，转而投入其他可能的，或许是革命性的方法。

另一种情况是，当新信息触发了你对世界的新看法时，就像帕特里克·穆拉托格鲁第一次与塞雷娜·威廉姆斯分享自己的看法时。随着科技进步的速度接近指数级，经济市场也以同样之快的速度发生变化时，我们不断地接受着新信息的轰炸。如果我们花时间去吸收这些信息——比如某次偶然谈话中冒出的一个想法、和某个客户打交道时受到的启发或是一项改变游戏规则的技术——我们就能转入"忘却循环"模式，从而掌握能助我们在未来获得成功的新方法。

虽然这些情况都是进行忘却的关键时刻，然而理想的状态绝不是被动等待现实危机触发的不得不做出改变的局面，正如我在本书开头所建议的，要经常地、习惯性地开展忘却的实践，就像我们的呼吸和生活一样。

通过不断的刻意练习，我们每个人都可以本能地进行忘却，也能有目的地运用它，而不仅仅是在无路可走的时候才那样做。忘却那些阻碍我们前进的思维模式和行为习惯，再学习新方法来调整改变自己，然后取得突破、继续前进，这样我们就发展了一种能够应对任何挑战、达成任何所愿的技能。正是这种技能使得领导者们不断取得新的、更高水平的成绩，结果常常超出了他们对自己、对团队以及对整个企业的预估。

对所有的领导者来说，最重要的一件事就是，要为员工们在组织中所应展现出的行为规范树立榜样。通过不断加强自身忘却旧习惯和旧行为方式的实践，你会将忘却变为你的组织文化的一部分——以此鼓励其他人去忘却，并让他们感到如此做是安全的。你的行为方式往往反映着你对自己、对他人的价值评判和期望度。

但是，在某种程度上，我们的思想与我们自身是针锋相对的。无论是身体上或是心理上，我们对所处环境的反应都是基本固定的——对于所接收到的来源各异的信息也是如此——运用经过预先考虑的、程序化的方式去处理这些信息。搞清楚这一点如何影响着我们的决策，以及我们怎样做才能改变这一点，对于成功应用"忘却循环"体系是至关重要的。

第 3 章

清除障碍

障碍越大,克服它的荣耀感就越大。

——莫里哀

忘却的过程中需要具备勇气和好奇心,还需要你在面对不确定性情况时,能够迅速适应。要达成所愿、取得预期结果,就必须抛弃那些阻碍或束缚我们未来发展的价值观,以及所有不切实际的设想和信念。我们必须开怀接纳维持现状可能会限制我们在未来取得成功这一事实。

要真正做到忘却,最具挑战性的障碍常常就是我们自己:我们老旧的思维模式使我们盲目忽略新的可能性和新的改进方法。障碍或许是主观上的,或许是客观上的,但无论源于何处,它们凑在一起都会将我们牢牢禁锢于现状中。

这些障碍包括:

- **我们的领导力状况**:我们所学到的领导方法以及我们内心关于领导力的种种设想,都是建立在我们的世界经验之上的。我们对于成功领导力的定义会受到很多因素的影响,包括日常工作中的关注点、我们所追随的领导以及我们所供职的组织——这些领导和组织中有很多还是基于 19 世纪工业革命时期所建立的做法和原则来管理的。

- **我们的知识阈值**：现阶段，我们对于世界运行规律的理解基于我们所接收到的、自认为正确和真实的信息。小时候，我们就如同空的器皿一样，可以容纳各种新经验，这样便很好地锻炼了我们的理解力，使我们的思想不断得到进步，每前进一步都会开启一种全新的、不曾有过的思维方法。但是，随着专业知识的不断增加，还有的时候我们会放弃太过困难的挑战，以至于我们最初极具包容性的思维方式就被遗忘了，同样被忘记的还有质疑和持续探索的精神。

- **我们的偏见**：我们在心理上和精神上试图化繁为简地认识世界，通常都是基于贫乏的信息获取和不充分的情景去产生认知。我们匆忙做出决策，采用对策和权宜之计，一个劲地追求速度，却从不慢下来反思和考虑一下接下来会面临什么。我们很少给自己时间和空间暂停下来，好好思考，继而坚持履行最终结果能更好的诺言。

- **我们对于正确的渴望**："自我"通常是"自知"的敌人，也是高压、恐惧和不安情绪的触发者。做一个聪明人就是要展示出你的渊博知识和专门技能——大多数组织都是据此提拔人才的——因此，怕犯错尴尬的风险会成为阻止我们尝试任何存在不确定性和未知因素事物的障碍（那正是能促进你成长的事物）。

- **我们对于回报和认可的关注**：从小受到夸赞的方式——譬如当你在班上说出了正确答案的时候——一步步构造了回报机制的现状，也培养了一大批言听计从者。我们就这样创造出了一种偶然性的联系，告诉人们如果你这样做，那么你就会得到什么。一旦被这种方式束缚住，我们就会很自然地只去关注这个等式中能得到什么的那一方面。我们迷失了做事情的目的，也从根本上忘记了"为什么我们会做这件事"的内在价值。最能说明这一点的例子，莫过于在能得到什么的巨额利益驱使之下，人们肆意妄为，最终导致全球经济危机所带来的意外后果及负面影响。

- **我们应对不确定性和风险的能力（或无能）**：我们试图在自己所处的环境中寻求确定性、规避风险。研究发现，人类在面临不确定性情况时，对于可预见的积极后果和消极后果的自然倾向度是同等的。由阿奇·德伯克（Archy de Berke）率领的团队发现，当可能性比率达到50:50，且不确定性处在最高峰时，我们脑内的多巴胺会激增且交感神经系统会被触发——使身体准备采取应激行动。由于压力也随之增加，因此大脑会抗拒选择不确定性。将此情况移入商业语境中就是，作为领导者，我们会采取一切方法避免不确定性的结果。

- **我们的好奇心（或者是缺乏好奇心）**：我们对新信息和尚无定论的问题的着迷程度，以及尽我们所能去探索答案甚至发现更多的动力。好奇心驱动着我们走出日常现状，拓展我们的已知边界。比如说，有人向你说出一个与你意见不合的观点，你是回答他"有意思，再多跟我讲讲"，而不是立即拒绝它，最近一次发生这种情况是什么时候呢？

- **我们的环境**：包括我们工作的场所、行业和市场，以及我们生活的社区，还有整个世界的环境、结构和社会规范。我们所处的环境重视什么，我们本身就会重视什么。你所处的环境是否像前面提到过的2000年前罗马人所做的那样，十分看重并且积极实践忘却这一行为呢？

忘却是一项"受损"行动——要放弃你所熟悉的、肯定的，而向不确定性敞开怀抱。难能可贵的一点是你认识到：自己懂得的还很有限，新信息、新思想以及新行为对于帮助自己成长并获得影响力是必要的。

成功的陷阱

对于大多数人来说，将"受损"常规化（更不必说失败）的做法，是与所有领导方法背道而驰的。关于成功的流行定义都会传播这样的观点：通过努力工作你就能达成所愿，并且你还得保证总是能知道正确答案，在第一时间就说出正确答案。

同样地，我们看待成功的方式本身可能就会给自己设障，因为成功会限制我们忘却的意愿和好奇心。对于一路都在收获积极成果的人们来说，难免会依据自己对于这些积极成果的归因而不断坚持自认为成功的行为，或者是与此相关且广受大家认可的行为。这些积极的成果会使人对于尝试不同的方法保持谨慎，因为他们不想失败；他们害怕经历任何形式的消极结果。越是成功的人，越是害怕尝试未经验证的方法或其他技术，因为他们害怕自己闪耀的记录、良好的声望或者是个人品牌会被摧毁。

很多管理团队都将自己的事业建立在不再有效的方法和思维之上，久而久之，这些管理者就会饱受挫败感，因为团队需要更加具有实验性的、靠证据说话的工作方法，这种工作方法对他们来说或许闻所未闻，但这却是一种极为重要的方法，它的结果常常是难以预料的。

例如，很多首席执行官或主管在入职某家新公司之后，都会立即促使其组织——以及组织当中的所有人——去适应他们本人较为喜欢的领导风格和管理体系，而忽略了企业真正需要的是什么。他们告诉自己一切都很棒，因为他们所设计的体系是为他们本人服务的，而并没有考虑在该体系之内工作的人们。他们要求整个组织上下都要递交形式一致的报告，因为这样便于他们对比很多举措，这样的体系他们指挥和控制起来也会感到很熟悉、很舒服。然而这是一个错误，是必须被忘却的。相反地，他们应当保持好奇心，应该认真地想想对于一项给定的举措来说，什么是最重要的，然后根据所要解决的具体问题为每一项举措设计自定义控件。

组织上下在设计方案和工作方法上，以复制—粘贴的方式推广创造性活动，虽然输出量很大，并且总是进行得很顺利，但能产出理想结果的却是凤毛麟角。采用这类方法的领导者几乎来不及对这些结果进行估量，也做不到全心全意对结果负责，就快速地转移到下一项任务了。他们大量投入，不断重复，随即在他们的行动取得成果之前就匆匆撒手不管了。

这个问题和这种视角被艾略特（T. S. Eliot）以如此优雅的文字捕捉到了："没有什么比一边一如既往地考虑着一成不变的事情，一边又想象着自己是在考虑一些全新又大胆的事情，更让人们感到愉快的了：它将有惊无险的安全性和冒险刺激的愉悦性结合在了一起。"

这就是维持现状的领导力：无论走到哪儿都采用同样的模式和方法。尽管某种特定的方法或许曾经对你很适用，它也有可能不再有用。因此，84%的业务转型都以失败告终也就不足为奇了，首要原因就在于领导层丝毫没有准备改变自己的行为。[1]

成功会加固和强化归因偏见。例如当你没有达到期望的结果时，就会归咎于运气、机遇等外部因素，而当你达到期望结果时就归功于自己的成功。比尔·盖茨（Bill Gates）有一句名言："成功是一个讨厌的老师。它诱使聪明人相信他们是不会失败的。"马歇尔·古德史密斯（Marshall Goldsmith）有一本书，书名可直译为《曾经让你成功的不会让你再次成功》（What Got You Here Won't Get You There），这正好与比尔·盖茨的话形成了呼应。过去使你成功的东西不一定会让你在下一件事情上也成功——或者再下一件事。

任何有价值的事情都是不容易的，然而很少有人愿意投入应有的精力和时间来发展、掌握忘却和再学习的能力。我们寻找捷径、秘诀，或者是足够多的教育，迟迟不肯将我们的时间和想法转移到应对当下形势所需的策略上，从来都没有真正超越浅层知识和初级技能。安德斯·艾利克森说："任何类型的实践都遵循这样一项基本事实：如果你从来不逼迫自己走出舒适圈，你将永远不会进步。"

我们创造的障碍

我们的大脑容易陷入维持现状而不去尝试新事物的另一个原因，是在于我们对正确的强烈渴望。孩子本是一直在调整、不断在磨炼、不停在发展的。人类的发展就是建立在试错、经历和发现的基础上。然而，这一切在我们进入到学校体系时就开始改变了。我们训练孩子去思考什么，而不是怎样去思考，并持续将这种教育奉行到高等教育及职业生涯当中。

在题为"学校是否在扼杀创造力？"这一最著名的 TED 演讲中，肯·罗宾逊（Ken Robinson）先生解释了学校体系怎样使得孩子们对于"答错"心生恐惧。罗宾逊说：

……孩子们是要冒险的。如果他们不知道正确答案，就会受到批评。我说的对吗？他们并不会被犯错吓住。我的意思并不是说，犯错和有创造力是同一回事。我们可以肯定的是，如果你没有准备好要犯错，那你将永远也不会想出任何原创性的东西……而当他们长大成人的时候，大多数孩子都丧失了原创的能力。他们开始害怕会犯错。我们也是这样来经营公司的。我们将太多的罪名附加到了错误上。现如今在我们的全国教育体系当中，犯错误是你可以做的最糟糕的事情。这样的结果就是，我们在花很大代价培养毫无创造力的人。[2]

仅仅试图去指责教育体系有问题是不公平的，因为这种思想和行为会随着我们进入公司机构，同时受到我们所属文化的影响，而得到不断加强和精炼，在这些地方，犯错误不但不能被管理者所容忍，而且他们的专门职责就是根除错误出现的一切可能性，甚至连同可能会犯错误的那些人。我们每个人都是我们所处环境的产物，我们所置身的群体，以及我们所供职的公司共同塑造了我们。你所处的环境是如何评价"冒险"的呢，认为那样做是错的，还是认为那样做会犯错误？

东密歇根大学社会学教授罗恩·韦斯特朗姆（Ron Westrum）提出了"三大文化模型"，来解释组织是如何处理信息的（见表3-1）。[3]

表 3-1 三大文化模型

病态性	官僚性	生成性
权力导向型文化标志为：	规则导向型文化标志为：	效能导向型文化标志为：
低度合作	保守合作	高度合作
信使被诛杀	信使被忽略	信使受培训
推卸责任	狭隘责任	共担责任
阻碍交流	容忍交流	鼓励交流

这些不同的文化环境会产生完全不同的行为和思想。根据我的经历，如今大多数组织的文化都是早在工业革命时期就形成的病态性或官僚性的文化。这种现象足以说明，积极尝试以实验的方式学习新技能——更不必说积极忘却有局限性的特定行为——是多么困难。处于病态性和官僚性文化环境当中的管理者，坚持停留在"我们一直是这样做的"舒适圈中，独创性受到压制并被竭力回避，员工们低头做事，按时按点上下班，拿着自己应得的薪水。

效能导向型的生成性文化是真正能够从其他各种文化中脱颖而出的优秀文化，身处其中的员工会高度合作，而不会耽于舒适安逸。大家都不怕尝试新事物，而是敢于冒险、敢于犯错的，并且会利用自己的发现所得提升自我、改进工作、惠及公司。员工能够得到受鼓励的安全感，自愿为自己的行为负责——这些都会成就更好的结果。我将向你展示第一资本金融公司（Capital One）、美国宇航局（NASA）、英国国家医疗服务体系（NHS）等组织是如何创造了这种文化，也包括他们采取了什么样的招数来忘却并前进，使其员工取得非凡进步。

| 忘却小贴士 |

暂停一下并思考韦斯特朗姆的三大文化模型：
- 参照每项行为，你会将你自己、你的团队和你的组织归入哪一类文化？
- 就你自己想做的来说，在哪些方面你没有达到自己或团队对你的预期呢？
- 使你受到最大阻碍的是哪一点呢？
- 针对这一点，你渴望能做到如何呢？
- 为了做到它，你会迈出怎样的一小步，来变得更好呢？

从一种文化转型到另一种文化，需要忘却和再学习，通过每次只专注于某一个具体方面的变化，并刻意加以练习就能够做到。

将障碍转化为机会

如我前面所提到的，最好能在你和你的组织面临危机之前，而不是之后采用"忘却循环"体系。但事实是，很多领导者和组织发现他们已经身陷危机，他们困惑的是，要怎么样才能摆脱危机。

我最喜欢讲述的一个关于现实危机的故事，是安迪·格鲁夫（Andy Grove）掌管英特尔（Intel）时期所发生的事情，他意识到他们当时的主要业务——逐渐成为日用品的记忆芯片——就要完蛋了。格鲁夫认识到英特尔正在经历一场现实危机，因此他将公司的重心转移到微处理器的生产上，这是一项从其日本竞争对手那里"偷窃"来的产品类型（与其共享60%的市场占有率），最终他们占据了市场主导地位。

关于他的决定，格鲁夫说：

在美国游乐园里的摩天轮上,当它转到最高处时,我从窗口往外望了望,然后转向戈登(Gordon),我问他:"如果我们被解雇了,董事会派来一位新的首席执行官,你认为他会做什么呢?"戈登毫不迟疑地答道:"他会将我们忘个干净。"我望着他,呆若木鸡,然后说:"为什么我们俩不主动出去,然后再回来,自己将自己忘掉呢?"[4]

而那正是他们所做的。最好的领导者并不知道所有的答案;但是他们能问出更好的问题。更好问题的结果——也就如同我总结的忘却小贴士——就是更好的答案。

安迪·格鲁夫管这些改变了我们想法和做法的事件叫战略性转折点,他解释说,这些事件可能会因为各种各样的原因产生,包括新技术的出现,监管环境的变化,客户价值观或偏好的转变。在《只有偏执狂才能生存》(Only the Paranoid Survive)这本书中,格鲁夫为这一术语给出的定义是:

一个战略性转折点就是某项业务的基本要素将要改变的时候。这种变化或许意味着达到新高度的机会。但也可能就是预示终结将要到来的信号。

战略性转折点的观点不仅适用于组织,对于个人也是同样适用的。每个人的人生中总会遇到一些决定性时刻,往往需要突破自我的全新技能来度过。成功的关键在于要有勇气、要保持谦逊,还需要一套体系,来帮你识别出这些转折点,继而采取行动,忘却该忘却的。

随着创新速度的加快,转折点出现的频率也更快。问题不在于你是否能被其中一个转折点影响到,而是这个转折点出现在何时。因此,你所面临的选择包括：是希望它不要发生在你身上，还是去等待它的发生（这意味着你总是太晚发现它或者没准备好应对它），还是自己来创造它（通过掌握一套体系，有目的地忘却，发现新信息，刺激新想法和新行为，以取得进步、获得成长）。

我们可以有无数种方法来重置自己的视角，并摆脱束缚我们的惯性。音乐家、制作人布莱恩·伊诺（Brian Eno）和艺术家彼得·施密特（Peter Schmidt）一起创造了一副牌，上面印有上百种由他们自己开发的，用于打破创造力僵局的隐性策略。这些策略能够帮助艺术家们变革他们的思想和行为，包括如下这样的小贴士：

- 找出你的惯用"秘籍"并抛弃它们。
- 什么事是你不会去做的？
- 将你的错误看作是自己的隐性意图。
- 永远主动出击。
- 注意无关紧要的事物。
- 列出你要做的所有事，然后去做你所列的最后一件事。
- 根据重要性程度减少要素。

遭遇进退两难的困境时，建议你摸一张牌，遵循牌上所推荐的策略，体会一下采取横向思维与行动所带来的益处。有意图的干涉往往是发现新信息和新见解的关键，结果也常常会取得突破。

将魔法放回迪士尼魔法王国

迪士尼乐园（Disneyland）——电影制作人华特·迪斯尼（Walt

Disney）和他弟弟罗伊（Roy）在20世纪50年代的经典创造——自我标榜是"世界上最幸福的地方"。对于一代又一代去往迪士尼乐园的游客来说，这些主题公园就是"迪士尼牌魔法"的核心展现和直接来源。

然而，在2005年前后——像极了白雪公主历险记里，慢慢升腾着毒气泡的、坏女巫的黑色煮锅——这些世界上最幸福的地方出了大乱子。顾客接连表达他们的不满，诸如顾客"回头率"之类的关键指标急剧下降。大约一半的顾客在第一次光临之后，就表示他们再也不会来迪士尼乐园了，这个统计数据为迪士尼的主管们敲响了警钟。为什么对于经营迪士尼主题公园（占据2017年公司全部551亿美元营收中的184亿美元）[5]的这些聪明人来说，要挽回这么多忠实粉丝从小记忆中如此着迷的魔法是这样困难？

2008年，迪士尼管理团队决定，是时候采取大胆行动来反转主题公园客流下滑的趋势了。主题公园部最高主管杰·拉苏洛（Jay Rasulo）和阿尔·维斯（Al Weiss），以及当时的迪士尼乐园总裁梅格·科洛福特（Meg Crofton）一起建立了一个精英小组，来探索如何"重新改造人们的假日经历，使得迪士尼乐园永远与此相关联"。他们组成了一个交叉功能小组，昵称为"五先锋"。小组成员包括技术部高级副总裁安迪·施瓦尔布（Andy Schwalb），主题公园副主管吉姆·迈克菲（Jim MacPhee），业务拓展部副主管约翰·帕吉特（John Padgett），以及梦想工程部的两位主管——凯文·赖斯（Kevin Rice）和埃里克·雅各布森（Eric Jacobson）。

他们的任务是什么呢？就是要重新激活迪士尼的魔法，还有迪士尼领导者的思想。

就像国际航空集团一样，他们需要忘却很多一贯的做法，再学习新方法来发掘他们本人和整个企业都十分渴望但又难以取得的突破。

一开始,"五先锋"就非常努力——不断地想出权宜之计应对久久不能解决的老问题,面对迫在眉睫的新问题也有很多老办法用得上。即使是最好的商业领导者,如果只能接收到日复一日重复操作的工作方法所输入的、带有偏见的信息,那么他们也会陷入眼里只有周围世界的短视困境。小组很清楚主题公园存在的问题——拥挤的人群、长长的队伍,还有遍布乐园随处可见的啤酒瓶,完全破坏了使顾客感到票有所值、玩乐体验多样化的心理感受——但是他们的努力没有换来任何能彻底解决问题的"梦想工程"。

"最后他们画出了一张没有十字转门的魔法王国草图。"科洛福特解释说。尽管这种补丁式的方法或许能在短时间内缓解一小部分顾客的心头之憾,但它却不是那种能使魔法王国恢复魔法的大胆创意。要达到他们期望的结果,"五先锋"需要极大地扩展他们的视野。

为了能集中精力投身于眼下的任务,小组成员搬到了一座废弃的、用来存放"米老鼠现场秀"表演道具的剧院工作。这种隐匿使他们从身体上远离了日常事务及干扰因素,解放了他们僵化的思维,同时也为他们提供了一个"培养皿",能够在此再学习、做实验、发展新文化。直觉告诉他们,要改变思维就得换个环境。"五先锋"再度审视这个问题:"我们怎样才能将迪士尼的魔法恢复?"他们需要更有创意的想法,而不是采用更多的权宜之计,要解决体系化问题、程式化问题以及明显让大家体验到"不魔法"的要害问题。要大量增加迪士尼乐园顾客的回头率,现在就必须开始忘却的实践。

有一天,约翰·帕吉特在飞机上,快速翻阅着空中百货的目录。在上面，他发现了一款磁性腕带的清单，这款产品声称能够通过减轻高尔夫球手的肌肉痛感，从而改进他们的挥杆动作。约翰心里想，我们可否让顾客玩遍迪士尼世界只需要一个腕带做向导——从入场券到酒店房间的钥匙，再到支付用餐、购买纪念品以及其他必需品的花费？如果团队能设计出一款使佩戴者感到像是一把进入魔法王国的虚拟钥匙一样的东西，会怎么样呢？

在刊登于《连线》（*Wired*）杂志上的一篇文章中，克利夫·况（Cliff Kuang）将这种景象描述为："他们组装了'弗兰肯斯坦式'的模型，模型备件包括各种对照硬件目录可拆卸的小配件。"[6] 到 2010 年，他们拼装起了一个可实际操作的模型。他们将自己的发明称为"魔法腕带"（Magic Band）。

要将小组设想的大胆未来用于实际中的费用可并不便宜。创造出新体验的项目（被命名为"我的魔法 +"）需要迪士尼公司花费 10 亿美元。

对于正在学习忘却的领导者（无论其组织规模如何）来说，有一堂课是必不可少的，那就是你可以设想 10 亿美元的创意——你可以，也应该想得更大胆一些——但是要实现它，你必须从小处着手，并且快速搞清楚什么有用、什么没用。

如果你的设想很大，要求回报很大，投入也很大，那么失败的可能也会大到你承受不起。

更好的方法是，想得大，起步小（小投资 + 小风险 + 小规模），具有失败了也不要紧的安全性。

"我的魔法 +"是大想法，是 10 亿美元的主意。

弗兰肯斯坦型的魔法腕带（见图 3-1）是小的开始，又快又便宜，被赋予取得非凡进步的期望。

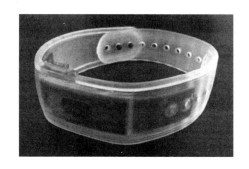

图3-1 迪士尼弗兰肯斯坦型魔法腕带

两者结合，这就是一种创新方法，对主管们来说也是一种新体验。

尽管往大处着想、从小处着手的策略是小组在创新方法上的巨大进步，但这一创新想法首先得说服迪士尼的主管团队。出售"我的魔法＋"需要克服组织体制上和思想上的抵抗——包括内部的和外在的——更直白地说，也是在拿公司的声望和小组成员的职业生涯冒险。

但第一步，小组要争取到最高领导层的许可，来推进这一新方案。

2010年3月，迪士尼的董事长兼首席执行官鲍勃·伊格尔（Bob Iger）和主题公园部新任主管汤姆·斯塔格斯（Tom Staggs），一起看望了小组成员并参加了"我的魔法＋"模拟体验。小组拿出两件魔法腕带模型，将它们戴在鲍勃·伊格尔和汤姆·斯塔格斯的手腕上，然后带领他俩在虚拟乐园中玩了两个小时。其目的是要顺利地打破高管们对于魔法腕带先入为主的思维模式，使他们忘却新的乐园体验应该要如何的预先设想，从而获得全新认识。在行至某个酒店房间的门口时，他们会对高管说："您碰一下门它就会自动打开——都不需要您在前台进行登记。"而在到达乐园某个餐厅时，他们会对高管说："您刚刚点的芝士汉堡，可以通过腕带自动付款,都不需要您掏出钱包。"

小组还解释说,当人们在乐园各处活动时,公司可以实时收集各种数据。例如,他们能立即知道"加勒比海盗"那边正排着长队,这样就可以派员工过去快速疏散游客。久而久之,这种机制会变得越来越智能、越来越好,带来更多创新想法。

伊格尔和斯塔格斯都对小组目前所取得的进步印象良好,也开始为这个方案投资。伊格尔只对他们说了一句简单鼓励的话:"它最好能行。"

"五先锋"展示出了带领迪士尼创新的一种新方法。这样的创新不是通过写满文字的幻灯片来做支撑的。他们不仅有大愿景,还通过小步实验所得的证据来证明他们走的是正确道路。这使得伊格尔和斯塔格斯对他们的设想和策略充满信心,相信他们能够取得成功。反过来,这也使小组感到他们所采用的新技术、新行为是奏效的,并有信心继续迈出更大、更具挑战性的步伐。

小组成员团结一致,在忘却的过程中找到了实现乐园创新的方法,他们遵循着"往大处着想、从小处着手"的策略再学习,将多种想法付诸模型和实验,以收集取得突破所需要的信息和证据。这使得"五先锋"以及他们的赞助者都很有信心地认为,他们走上了通往成功的正确道路。

一经获得高级管理层的支持,他们就迈出更大胆的下一步,复制并扩大对于基础模型的投入。团队招募了1000名测试者,让他们成为在游玩途中佩戴魔法腕带的第一批体验者。这一方法不仅使得小组能够安全地探索并修复系统中存在的漏洞和小故障——不断完善它——而且还将测试者变为了"福音传播者",他们从中看到了能够证明更多可实现的设想和可行策略的实际证据。那些持怀疑态度的同事也被邀请来参与体验,最终也被这一前景广阔的创新体系所吸引,并受到激励,迫不及待地要为它所能带来的组织转型贡献自己的力量。

小组将创意不断迭代,在整个乐园中推行新举措——从迪士尼乐园的酒店开始,比如大佛罗里达酒店和湾湖塔度假村,再一步步扩展,包括全部23家度假酒店和6家迪士尼假日俱乐部,覆盖共计约25000个酒店房间。通过这种方式,小组得以将他们的创意植入整个乐园,从而减轻了仅靠一项计策下大赌注的风险——那样一旦失败了,可能产生的风险会大到他们无法承受。

如今,超过半数的游客都是戴着魔法腕带进入迪士尼乐园的,据迪士尼管理部门透露,"我的魔法+"帮助增长了7%的客流,而同比收入增加了24%。这些商业成果,也带来了市场上对于迪士尼产品和玩乐体验的更大需求。

放弃了曾经带来巨大成功的想法和做法,迪士尼的主管、经理及其一线员工得以在顾客体验、自身工作能力和思维模式方面迎来根本性转变,这一切不仅优化了迪士尼主题公园的功能,还推动了整个组织的创新方法。他们在取得这一切成就的同时,也坚守住了华特·迪士尼对于乐园的最初愿景:"至此,不管怎样,我们都不能后退太多。我们要保持前进,打开新的大门、做新的东西,因为我们是好奇的……而好奇心能引领我们走上新的道路。"[7]

破除程式,重塑自我、重整业务

在转型的问题上,很多人从来都不缺少想法;缺少的是行为上的变化。迪士尼、英特尔，还有国际航空集团都认识到了，如果想要在领导层的思维方法及业务成果上取得突破，领导者本身必须改变做法，而不是要求他们所领导的团队去改变，并且这种改变行动必须坚持足够长的一段时间。

仅仅靠想法的不同并不能引发思维模式上的转变；你应当从做法的不同开始。当你的行动有所不同时，你对世界的看法和体验也会有所不同，结果就能影响到你的思维。新的做法会改变你看待局势的视角，这反过来也会影响你的思维。思维上的转变结果又会影响你的行为，这样一个新想法和新行为的良性循环就启动了（见图3-2）。

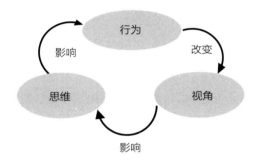

图3-2 转变领导者的思维

相同的旧策略只会产出相同的旧结果。这些领导者决定了要走少有人走的路。他们认识到，忘却老习惯、放弃低效行为要比采取权宜之计难得多。你必须愿意走出自己的舒适圈，并且有勇气以新的、不确定的方法来取得突破及你想要的非凡进步。这样的领导者是不惧怕未来的；他们创造未来。

和国际航空集团"提升"项目一起合作的经历启发了我，使我个人有机会去忘却、再学习，然后取得突破。使领导者走出舒适圈，积极应对挑战性任务，放弃那些拖我们后腿的传统思维模式和行为习惯，经历这一系列事情就如同体验魔法一般。我曾和货运量达 50 亿吨的企业、拥有 1.22 亿用户的电话公司、纽约市最繁忙的机场等企业的领导者一起合作，并帮助他们取得了非凡进步，为这些领导者本人及他们所领导的组织提供了持久的影响力。这也启发我创办了"高管营"（ExecCamp）项目，致力于促进高管的思维转变。

有一家大型的、知名的移动电话服务商，也是我的客户之一。当我问该公司的领导团队，客户使用及获得本公司服务的便捷度和效率如何时，每一位主管都告诉我，他们的市场策略、产品供应以及服务流程都是完美无缺的——史上最好的。我想我得找到一个方法，帮助他们忘却他们心中所相信的事实。

我交给五位主管每人一张预付的信用卡——每张卡里预存了 200 美元——让他们出去买一部手机，试试能不能在两个小时之内连接他们公司的服务网。这个标准是他们自认为公司服务所应达到的最低标准。只有一位成功了——其中四位主管都无法完成注册服务：他们只有 20% 的成功率。从客户的角度出发，亲身体验一番他们自己设计并负责的程序，这是一个强有力的方法，能使他们忘却很多关于公司体系如何运行的信念，然后再学习如何去发现事实上真相是怎样的。

通过再学习一些新行为，比如自己做一次客户，亲身体验一下自己的产品与服务，就能使领导者发现该从何处寻求突破。给他们一张预付信用卡和两小时时间，要他们去注册自己公司的服务，这就创造了一项失败了也不要紧的实验，使公司主管启动"忘却循环"模式。这样他们就能开始调整自己的思维和行为，以及最终调整他们的产品和服务，以便更好地为他们的客户服务。

"忘却循环"体系可以强有力地助力你和你的组织的成长。在接下来的章节中,我将不断向你发出挑战,鼓励你着想远大,为自己、为团队、为公司的宏伟愿望和长期目标而努力进取。我将向你展示,忘却体系如何能使你在面临不确定性情况时取得成功,使你获得取胜所必需的勇气,以及拥有轻松适应不安定环境的良好心态。

第 4 章
忘却

我们花大量的时间教领导者去做什么。
我们没有花足够的时间教领导者停止做什么。
有半数我所遇到的领导者都不需要学习做什么。
他们需要学习停止做什么。

—— 彼得·德鲁克

有一个寓言故事,很好地描述了忘却的悖论。要获得新知识并向前发展,我们首先得放弃拖我们后腿的旧知识。在《禅心佛骨》(*Zen Flesh Zen Bones*)这本书中,保罗·睿普思(Paul Reps)和千崎如幻(Nyogen Senzaki)讲述了"一杯茶"的寓言。

南隐(Nan-in),日本明治时期的一位大师,他接待一位前来参禅的大学教授。

南隐奉上茶。他给客人的杯子里倒满了茶,但是却还一直不停地往里倒。

教授看着往外溢的茶水,直到再也忍不住了。"太满了。装不下了!"他大声喊道。

"就像这杯茶,"南隐说,"你的脑子里装满了你自己的观点和思想。除非你先清空你自己的茶杯,不然我怎么向你布禅呢?"[1]

向我们的茶杯中倒进新知识是很容易的，直到它往外溢为止。但更重要的是，要认识到为了吸收新知识，我们必须先清空茶杯。这个故事提醒我们，为了忘却，我们必须保持谦逊——清空我们的头脑，放弃过往的信念和习惯，为新东西留出空间。

同样地，如果你想拥有新视角、增加新观点、收获新的成功，你必须先放弃旧视角、旧观点和过往的成功。你必须要认识到，能使你获得今日成功的方法，并不一定能保证你在未来取得成功。诚然，这样做并不容易。你首先要有超越现状的渴望和意愿，然后投身于自觉的、持之以恒的练习当中。但我也亲眼看到了很多成功案例，我看到当领导者们（以及他们所就职的团队和组织）自愿将原有的成功观念和惯用的成功之法放弃了的时候，他们释放出了多么巨大的能量。

"忘却循环"体系的第一步是忘却——要放弃、要远离，并重新去构建曾经管用，但如今已经限制我们走向成功的思维和习惯。为什么人们在一次又一次做同样的事情时会遭遇瓶颈，而不能再在他们的领域引领创新，这有很多种原因。其中最主要的一个原因是错误地相信今天能使他们成功的方法明天也同样适用。不幸的是，那些今天有用的体系、模式及方法实际上可能会限制你进行改变的能力——还有你明天的成功。

我们生活的世界是一个动态的环境——不停变化着的复杂适应性体系——然而我们的信念、行为和思维模式倾向于静态和固化。人类是会培养习惯的生物。人都很自然地喜爱自认为可控的、可预知的和确定的环境。

某家新兴公司有可能会在明天发布一款能够重塑整个行业的新产品或一项新技术，该公司或许在一年以前还不存在，但它的创新使得其同类公司的市场占有率受损，然而很多公司却还在一如既往地坚持做同样的事情。开始是一点点，但日积月累变化就大了。或者，由于不能经常地改进技能，从而与周围变化的世界保持同步，渐渐地，公司员工的工作效率就没那么高了。再或者，公司领导者从某个同事的反馈得知，自己被认为是极其不好共事的领导者，但是他却仍然拒绝调整自己的行为，因为这样做也还说得过去——即使当公司的骨干员工另谋高就的时候。在这样的公司中，领导者所建立的是适合自己管理偏好的体系，而不是能够满足做事员工需求的工作体系。他们之所以这样做，是因为他们了解自己的体系，并且想轻松地控制员工，但却忽视了应用该体系的员工可能会遭遇的负面效应。我们总是会自然而然地坚守自己熟知的、一以贯之的有用做法。直到它不再起作用了。通常当我们意识到这一点的时候，就已经太迟了。

"忘却循环"体系的第一步需要具备勇气、自知之明以及谦逊，这样你才能接受自己的方法、行为或信念限制了你的潜能和当前表现的事实。另外，在这一步中，你要确定什么是自己需要忘却的，然后才能有意地进行再学习。这样就使我们得以向新方法敞开怀抱，也能帮助我们走出困境。

要提升自己适应环境和个人发展的能力，关键是要从你自身开始。明确你的愿望或你的预期目标——同时，付诸达成它所必要的实践——你就能开始朝着自己期望的状态前进，并取得非凡进步。

忘却的四个必要条件

从本质上来说，忘却就是以开放的姿态尝试新方法，是一种意愿、一种好奇心和一切皆有可能的信念。但是要驾驭它，你需要有实际行动。你不能只是坐在那里然后说："很好——我想要忘却。"你必须认定一项挑战，然后采取行动前进。

与世界各地不同规模的组织及企业的领导者一起工作的经历使我发现，我们可以通过诉诸于一系列具体的必要条件，来忘却那些一直拖我们后腿的旧模式和老做法。这些必要条件都是经过验证的，很多客户都在我的引导之下经历了此过程，还有很多人将它们应用于生活的各个方面。

每解决其中的一个必要条件，就代表你通过了"忘却循环"的其中一步，也就越靠近我们的最终目标：突破。

必要条件一：确定一项你想要应对的挑战

从根本上来说，忘却的过程基于你选择应对什么样的挑战——可以是清除某个障碍，或者是抓住某个机会，但一定得是能够为你的表现带来积极效应的挑战。所以，忘却的第一步，就是明确你要集中精力来解决什么问题。比如，或者是你有一项长期产品运行得没有以前好了，或者是你投注在个人发展上的精力没有带来期望的结果，又或者是你（或你的团队）无法走出一成不变的困境。

假如对你来说要决定该集中精力来解决什么问题会很困难，那么你可以想一想什么样的挑战是你在极力避免的？什么情况下你会倾向于更容易做到的选择？什么情况下你辜负了自己的期望？有什么事是你不能解决的？有没有什么事是你特别想做得更好的，或者是你认为可以超越已取得结果的呢？塞雷娜想要再次赢得大满贯冠军，迪士尼想要吸引顾客再次来到"世界上最幸福的地方"，而国际航空集团想要转变个人领导力与组织创新在航空业中的意义。那么，你想做的是什么呢？

在你思考该从哪里、从何时开始的时候，不要陷入"分析瘫痪"或是坚持等待理想的时刻、理想的情况或理想环境出现——那是永远也不会有的。最好的开始时间就是你的当下——马上。永远不会有比现在更完美的时刻了。你该开始的时刻，就是当下。

必要条件二：设想挑战已被战胜，重新为成功下定义

任何好的实验都包含一个关键因素，即在开始实验之前就为实验的成功下好定义。忘却也是如此。然而很多人在确定什么是好的愿望或结果时，常常会犹豫不决。在这种情况下，我会鼓励大家来说一说，假如你决定要应对的挑战已经解决了，那么相应的成功会是个什么样子。成功之后你会做些什么呢？除了你自身，对于你的同事还有客户来说，又会发生些什么呢？和今天相比，那时会有什么不一样呢？我要求大家尽情设想，或者直接讲述自己将挑战克服之后的六个月、一年或者是三年里，情况会是什么样的。

假使你战胜了所要面对的挑战，而且是彻底地将它消灭掉了，那么从你自身、你的团队或者你的客户的行为当中，能找到什么样的证据来表明你确实做到了这一点呢？有了更快捷的服务、更廉价且质量更好的商品会怎么样呢？思考这些问题的过程会帮助你概括出一个清晰的画面，一旦你有了答案，也就会更加清楚自己想要做到的是什么、所欠缺的是什么，以及可能会阻碍你的顾虑是什么。但是做这个练习最重要的一个部分是要记住：往大处着想！ 这是关于你的雄心壮志和奋斗目标的设想，所以对于自己应该取得的非凡进步要大胆无畏地去想。

将未来的成功可视化，或者讲出关于它的故事是一个很棒的忘却方法，这样做也使你对于成功的模样和定义有了更加明确的认识。我们的思想很容易局限于对当时当地、迫在眉睫的问题的短视中。我们可以哄骗自己去相信，假使我们将最突出的问题解决了，一切就会变得很好，但很少有人这样做。

和国际航空集团一起合作的时候，我问他们的领导者："如果你们取得了非凡进步，你和你的团队还有你们的客户会怎么样呢？"

"哎呀，我们的客户肯定会更开心，"团队成员回答说，"搭乘我们的航班出行，会让他们有非常顺利的体验，他们会更多地使用我们的数字产品和服务，他们能更便捷、更迅速地乘坐我们的飞机，所以很快就会再次订票。"

"很好，那么你自己呢？"我追问道。

"我会将更多的时间花在创新上，而不是亡羊补牢，我会变得更有效率，我会花更多时间来关注未来的业务增长，而不是只忙于本季度的业务。"

"很好，"我继续问，"那么你的团队呢？"

"我们会吸引更多有能力、有好奇心的人加入我们的组织，而他们会感到充满动力、跃跃欲试，他们的各种想法能得到应有的回报。"团队成员这样回答。

同样地，你可以想象迪士尼团队是这样来回答我的问题的："我们的顾客会更快地再次光临乐园，他们不再需要排长队，能一下玩更多的景点，而不再有拥挤感，并且还想多次光临。"

讲故事的有力之处，是在于你会开始描述假如你真正做到了忘却之后，你本人、你的员工还有你们的客户会有什么样的行为。描述这些行为的好处在于它可以被观察到，而如果行为是可被观察的话，它也就是能被度量的。只要这些行为可被度量，我们就可以通过量化其可能发生的频率，作为我们已做到忘却的证据。

在量化行为的时候，我建议不要以平均的或总体的数据作为参考，而是要以历史集合相关的等级或比率作为实验支撑。例如，假如你想在下班的时候体会到卓有成效的感觉，我们就来试着量化它。这种感觉多久发生一次呢？但愿，它不是仅有一次。比如，一周五天当中，你有这种感觉的时候有没有占到四天呢？使用等级和比率能使我们在时间尺度上对于成功的度量更具执行力，也更易计算。

在与客户的合作中，我常使用一项技术，那就是以 0～100 的百分比算法强迫他们往大处着想。例如，国际航空集团设置了这样的挑战，"100% 的客户只通过我们的数字产品来订票、检票和登机"或是"在有合作商参与的业务中，完成时间会超过一个星期的业务占到 0%"。迪士尼也可以设置同样的挑战："100% 的客户在他们首次光临之后会有再次光临的可能性"或是"客户 0% 的游玩时间花在排队上"。

一旦我们理清了思路，就需要将相关内容写出来，包括能够证明在应对挑战的过程中，我们已经忘却了的、再学习到的和突破了的所有内容。这样做可以检验我们是否已做到了忘却。我们需要设置一个约束条件——包括所需的时间、努力、投资额——以约束自己在实践忘却的挑战中始终自律负责。通过为忘却相关的挑战设置约束条件，我们也就设置了一个反馈回路，它可以用来监督你始终为达到预期结果而努力，从中也能体现出相关证据，证明你不断克服障碍并取得了进步，一步步将想法变为现实。你可以像下面这样来组织你的"忘却声明"：

我将在 < 约束条件 > 之前，通过忘却来解决 < 输入挑战 >。

我知道我已经做到了，当 < 列出你认为具体所应达到的成果——用与最满意成果相比的等级或比率来表示，以表明你成功应对了挑战 >。

这个方法可以帮助你创设一个成功的愿景，并且将涉及你本人、你的同事以及客户各方面的重要因素都考虑进来。这一方法既包含个性化因素，又具有共识性成分，并且也是一种有远见的模式，它为你指明了如何能做得更好，同时也设置了一个包含反馈回路的约束条件，这样就便于你随时度量自己取得的成果,并确保你一直在为此努力。

例如,与主管和领导者一起工作的时候,总会遇到需要做决策的问题。怎样才能在这方面做得更好呢?怎样才能使团队成员行使更多的决策权,而又不会让他们对此有所顾虑呢?怎样才能使与待解决问题联系最紧密的人——拥有相关信息最多的人——拥有针对该问题应实施何种解决方案的决策权威?我和团队主管一起坐下来帮他们策划这样的"忘却声明"。

我要用三个月时间,通过忘却解决做决策的问题。

我知道我已经做到了,当:

- 所有既定决策中,失败了也不要紧的占100%。
- 我的决策导向100%都是依据为什么这是重要的,从而决定要达到何种结果。
- 我的决策导向0%关涉怎样达成结果的具体问题——它将由相关个人来决定。
- 我带领的团队成员中,有0%的人在做决策的责任上显示出习得性无助感。

确定要应对的挑战,依据你所讲述的故事中与成功相关的行为描述,来度量你是否已经做到了忘却,克服了阻止你达成所愿、取得非凡进步的障碍。

你可以模仿如下一些例子来练习使用"忘却声明"。

我要用六个月时间,通过忘却解决压力大的问题。

我知道我已经做到了,当:

- 我回到家时很有成就感的时候占到了80%。
- 我工作内容中致力于个人发展的部分占到了25%。

很多人在给成功下定义的时候，都会感到十分犹豫，特别是当你的思想被日常惯有的世界观束缚住时。如果是这种情况，我为你提供一个可选择的计策：想想假如你的忘却实践失败了会怎么样，把你的答案写下来，然后翻转过来。换句话说，如果你感到为忘却的失败下定义是更容易的，那么就定义它吧。然后再以这样的方式来挑战自己："如果这样子就是失败的话，那么与此相反的成功该是什么样的呢？"例如，国际航空集团将失败定义为：只有30%的客户在首次搭乘他们的航班之后会再次订票。很好！那么，成功该是什么呢？80%？90%？那我们就朝它努力吧！

现在你已经开始忘却。你证明了自己能够往大处着想，而当你开始再学习的时候，就要从小处着手，以微小的步伐迈向最终所追求的非凡进步。但是在那之前，你首先得鼓起勇气。

必要条件三：走出舒适区，勇往直前

当困难局面出现时，你是会鼓起勇气来应对，还是会缩居一隅寻求舒适？当你面临挑战时，是会低下头——希望别人挺身而出战胜它——还是会正视它且勇往直前？如果你没有忘却的习惯，那就意味着，你很可能会待在自己的舒适区：你只做令自己感到舒服的事情，同时回避使自己感到不适的事情。一味地寻求舒适而不去鼓起自己的勇气，常常会导致你倾向于容易做到的选择，以避免让自己感到结果不可控的局面发生。最终，你就会被困在现状中而无法成长。

毋庸置疑，你那样做是错误的。

忘却的过程要求你逐渐走出自己的舒适区，并采取行动使自己一步步地从只对熟知的、确定的事物感到舒适，转变到能够适应新的、不熟悉的以及不受你控制的事物。学会接受，虽然这样做会让你感到没把握，也很

别扭，但是你必须坚持这样做，只有这样才能帮助你实现跨越式突破。

忘却过程中的一项重要内容，就是要有勇气认识到，你的做法已经不再有效。要有勇气并坚持仔细审视那些根深蒂固的、指导着你过往思想和行动的假设与信念。不仅要关注对你来说有启示的事情，还要注意那些习以为常的事情。最后，还要认识到，你是无法预知事情的结果的——比如有时候你可能也会摔个大马趴。

自愿走出你的舒适圈是需要勇气的。这需要你有受损的意愿。在《成长到死》（*Rising Strong*）一书中，作者布琳·布朗（Brené Brown）说：

> 如果多数时间你都特别勇敢，则一定会有跌倒的时候；这就是物理学上的受损。当我们致力于表现自己，而总是冒着跌倒的风险时，我们实际上就是致力于跌倒。勇敢并不等同于说："我愿意冒失败的风险。"勇敢意味着："我知道我最终会失败，但我仍然全力以赴。"运气偏爱大胆的人，失败也是如此。[2]

布朗的"受损"概念很好地阐释了忘却所需要的东西——愿意将你自己推出去，真正地走出你的舒适圈，做到勇敢而不耽于舒适。

在《脆弱的力量》（*The Gifts of Imperfection*）一书中，布朗也谈到了放弃完美主义的必要性。我们大多数人——特别是很多带领组织的领导者——在努力使自己的工作做到完美，而事实上人无完人，所以我们永远也不会做到完美。布朗建议，我们应当在每件事情上力争优秀，而不是努力达到完美，完美是不可能的。为什么呢？因为，根据布朗的解释，追求完美实际上会阻碍你的成功：

> 我们要理解积极的努力和完美主义之间的区别，这对于卸下铠甲、改善你的人生至关重要。研究显示，完美主义妨碍成功。实际上，它经常会导致抑郁、焦虑、成瘾和生活瘫痪。

你可以（也应当）期望自己并非所有时候都得达到自己预期的结果，那其实并不要紧——成长正由此而来。正如《脆弱的力量》的副标题所建议的："放弃你认为自己应该是的样子，并拥抱你实际的真实样子。"

请你选择勇气而非舒适、勇敢而非恐惧、优秀而非完美。我会在下一章中更加深入地讨论勇气的话题。

然而，盲目又大胆地一头扎进忘却过程所包含的不确定性中，并不能确保你一定会成功。尽管勇气是必需的，但应对不确定性还是要讲究策略，并且要保证失败的安全性。我们通过"往大处着想、从小处着手"的策略来做到这一点——一定要牢记"从小处着手"。需要谨慎注意的是，你不会永远保持弱小。你的小步伐在日积月累中就能产生更大的转变。在努力做到优秀和更好的过程中，你会从迈入未知的每一小步中增强自己的信心，提高自己的能力，同时也加强了自己的勇气。

能够从多次的失败中收获一些小胜利，才是我们真正的成功之处。通过往大处着想但从小处着手的策略，你可以探索新的方法和新行为，为了安全地做到这一点，你可以在再学习的过程中，创造一些可补偿、可恢复的条件，来达成所愿或实现预期目标。在应对不确定性情况时，失败了也不要紧的实验为我们提供了取得进步和顺利前进的最好方法。

认为忘却很难做到的人们，通常都只愿意接受可预知的结果，只想依靠万无一失的方法，只相信有把握的成功。他们期盼将复杂系统完全掌控在意料之中；他们期望结果就如同他们所预料的那样，而不要让自己完美的成功记录有任何风险。开启你的"忘却循环"，在不断发现新见解的过程中培养调整适应的能力和过程纠错的能力，你过去的思维和习惯必须被忘却。

必要条件四：坚信、启动并升级你的"忘却循环"体系

完成了所有前述步骤，就开始为自己的成就庆贺，随即就将自己的"忘却声明"束之高阁供奉起来，这当然是不够的。你必须迈出接下来的关键一步，那就是做出坚定的承诺，要完成整个"忘却循环"，然后确实做到它。但还要记住，这不是一个一步到位的循环；它是一个可升级的体系，随着你更加快速、更经常地重复进行"忘却循环"，它能够帮助你顺利应对更大的、更艰巨的和更惊险的挑战。每一次再循环都建立在之前一次循环的基础之上，在此过程中，你的勇气、好奇心和各种能力都将不断增强，由此你便能在任何你想做到的事情上取得非凡进步。

国际航空集团的忘却之旅

在第 2 章中，我讲述了我与国际航空集团的六位重要领导者一起合作的故事，他们被要求离开他们的组织，用八周的时间专心应对公司内部的挑战和机遇。在远离自己熟悉的办公室和日常职责的这段时期内，这些领导者被鼓励要积极投身于不确定性中，勇于挑战自己的想法，创造新的工作路径、培养新习惯、寻找新方法。

国际航空集团认识到，要增长他们的业务，就需要不断地更新自己，挑战现状，刻意练习新的、更大胆的方法进行创新——要做一些彻底不同于以往且不怎么舒适的事情。公司的首席执行官威利·沃尔什（Willie Walsh）一再强调，大家都要有这样的认识。也正是他启动了"提升"项

目——他鼓励团队成员从不同的职权范围来挑战自己、挑战他本人。沃尔什还分享了他是如何认识到，他本人同样也需要积极投身于不确定性中，寻找新的、并不舒适的工作方法，同时忘却自己固有的思维模式和行为习惯，以促使"提升"挑战取得成功。

起初，国际航空集团的团队在挣扎中徘徊——就像迪士尼的"五先锋"最初所经历的一样。团队成员不能忘却任何事；他们只会用过去就熟练应用的相同方法。他们按照一贯方法进行了一周之后，必须将团队成员初期的想法汇报给公司其他高级董事，以获得反馈和讨论。不必多说，这是一次完全失败的经历，却也证明了忘却是开启再次成功大门的钥匙。

到那时为止，团队成员聚在一起反思自己的观察与收获，将他们按照过去自己感觉舒适的、可预见的方法所获取的结果，与当前所得结果进行对比，并仔细反思其中的意义。

这是团队的第一次突破性时刻，随着忘却之旅的开始，"忘却循环"的力量也开始生效。团队成员变得开明了，开始接受自己现行的做事方法已经不再奏效这一事实。他们瞬间有了顿悟。由于没有达到预先所设定的期望结果，他们一下子明白了，旧的思维模式和行为方法已经不再有效。他们亲身体会到了，坚持依赖于自我感觉舒适的想法将会如何，也明白了那并不是他们想要的结果。

只要团队成员意识到"或许会有更好的方法来做这个"，一旦到达这一时刻，那么他们就可以凭借这样的认识使团队重振旗鼓。团队就会致力于探索不同的可能性，而不是一如既往地重复从前的做法。通过迫使团队往大处着想，促使团队成员去探索关于可能性的各种隐性假设，为自己设置新的目标，这样做帮助他们走到了舒适区的边缘，激发出他们持久的好奇心。忘却这一步的关键，就是要有思考并积极尝试不同做法的意愿。

最后，所有成员都愿意致力于以不同的方法进行探索，这对于国际航空集团的团队来说是个相当深刻的启示。团队成员认识到，他们可以在任何自认为早就已经弄懂了的事情上，应用新的想法、新的视角和新的行动。这再次激活了他们的好奇心。他们的观念发生了彻底转变，从之前只运用可预见的办法，以及"执行就好了"的模式工作，到"现在让我们来看看可能性有多少，然后让我们不要害怕，而是尽可能地去尝试多种不同的方法来解决它，即使失败了，我们的知识也增长了"。从那以后，这些队员就坚持将"忘却循环"体系应用于每一件事情上。

在接下来的一周中，团队向首席执行官做了他们的第一次展示。后者问道："还有什么你们没有分享的想法和出于怕我会直接说'不'的担忧吗？"团队成员笑了笑。"没有了——我们已经忘却了那种思维模式。我们清空了过往，并且已经找到了一种全新的方法！"

第 5 章
再学习

21 世纪的文盲不是那些不会读和写的人,
而是那些不会学习、忘却、再学习的人。

—— 阿尔文·托夫勒

"忘却循环"体系的第一步——忘却——是关于你想达到什么样的愿望和结果,以及为什么要忘却的问题,第二步——再学习——是关于如何忘却的问题。你怎样开始再学习?它可能要比你所认为的更简单。首先,你从大的方面来考虑自己的愿望或预期结果。接下来,你要从非常容易做到的事情开始。我们采用这种方法,是因为它能使你快速开始,并且能够快速获取成功感。与此同时付诸刻意的练习,假以时日,就能帮助你建立信心,也能帮助你增加动力去战胜更大、更困难的挑战。

再学习是一个尝试新行为、收集新数据、吸收新知识和领悟新观点的实验过程。通过思考这些新的输入,我们挑战自己现阶段关于整个世界的思维模式,并调整自己的思想和行为,以取得非凡进步。

在很多方面,你可能已经停止了去学习如何进行学习,所以你需要再学习怎样做到它。同样地,我们要再学习如何收集和回应新信息——怎样以不同的方式去看、以不同的方式去听,最终达到能够积极主动地改变自己的行为方式。

例如，和主管们一起合作的时候，我总是会问他们将最多的时间花在了哪里。他们的答案基本上都是："我特别忙，我将最多的时间花在了开会上。"

"那么这些会议的效率如何呢？"我继续问。

这时他们就会沉下脸。

"没有我期望的那样有效率"，这是他们最普遍的回答。

研究发现，中层管理者将他们 35% 的工作时间花在了会议上，而高层管理者将他们 50% 的工作时间都花在了会议上。但是，据调查，就管理者本人对于这些会议的评估，67% 以上都是失败的——这样的结果导致在美国国内每年因生产力亏缺而产生的损失超过 370 亿美元。[1]

那么，为什么这些无效会议还会继续再继续？简单地说，就是因为人们不断采用相同的、习以为常的以及自己日常所观察到的做事方法。大家早已对自己及周围人的日常工作内容形成思维惯性，也习惯了依赖于（自认为）过去曾带给自己成功的做法，即使这些相同的方法通常不再能为你带来未来的成功（如果你曾经确实取得过一点成功的话）。这样的人都没有认清现实问题，没有坚持要对每一件事情的结果负责，更没有解决自己应当忘却并再学习的问题。当周围世界在转变的时候，他们没有及时转变自身及其所领导的组织。

在本章中，我们要关注的是再学习的机制问题，还包括如何通过既能使我们走出自己的舒适圈，又能使我们的知识得到拓展，同时还具有失败了也不要紧的安全性的实验来降低学习焦虑这一问题。麻省理工学院斯隆管理学院的一位前任教授艾德加·施恩（Edgar Schein）解释说："学习焦虑源自我们内心因害怕太难而不敢尝试新事物的担忧，因担心尝试新事物会让自己显得愚蠢，或是担心新事物会迫使我们不得不抛弃过去奏效的旧习惯。"[2] 在讨论相关问题时，我要用到 B. J. 福格（B. J. Fogg）的研究成果，他是斯坦福大学行为设计实验室主任，也是"行为设计"（Behavior Design）和"微习惯"（Tiny Habits）方法论的创始人。最后，我会带领你探索如何用实验的方法（或者取得成功，或者优雅地失败）开始实践新行为——以此达到再学习的目的。

永远都要记得，开创新行为（包括为你自己和为你的组织）的最好方法——就是以亲身示范向员工展示，你在致力于改进你的工作方法、改进整个体系的运行方式，也在探索让每个人改进工作方法的可能性。作为一个领导者，员工会去效仿你的例子，结果就会在整个组织内部产生涟漪效应。慢慢地，以小的步伐，简单且容易做到的方式，每个人都会开始再学习新的行为，开明地接纳从周围世界获得的新信息、新观点和新视角。

这就是如何再学习的过程，随之我们将迈向下一步：取得突破，充分利用从再学习过程中收集来的新信息，使其能够在做决策、调整我们的思想和行为以及达成我们的总体期望和终极目标的各个方面，都发挥出巨大力量。以下是经我反复确认的，采取"忘却循环"体系第二步——再学习，所应具备的必要条件。

再学习的三个必要条件

有效的再学习需要你非常清楚自己想要达到的目的究竟是什么——以

及你多么想要达到它。更好的决策？更出色的团队？客户满意度的增长？无论它是什么，明确你期望的结果，然后量化它。仅仅说句"我想变得更好"是不够的。你要十分清楚你所谓"变得更好"到底具体指的是什么，以及你想要它增加（或者减少）的程度是多少。什么样的实际行为是你希望观察到和进行度量的？量化并约束它们。要有清楚且简单的结果目标，就比如"在接下来的八周时间里使客户留存率增加15%"，或是"接下来六个月中要使员工的工作满意度提升25%"，或是"用200天的时间使我们的创意推向市场的时间缩短20%"。你的"忘却声明"要大胆表述，但是你的第一小步要有可执行性。

当你对自己想要达成的愿望和结果十分清楚的时候，你就能够正确地探索出可以达到它的行为，确定达到它的正确步骤，然后也能通过度量和相关数据来验证你是否达到了它。另外，你的愿望和结果要往大处设定，但是实现它要从小步骤开始。如果你对于自己希望达到什么样的结果犹豫不决，或是结果不好被观测，那么很有可能实际上你根本就不会做出任何不同的事情——你会自然而然地默许自己继续延用惯常的做法，而那样做就不能使你达到预期结果。

一旦你确定清楚了自己的愿望和想要达成的结果，你就可以召集团队其他成员和你一起行动。同样地，他们也会受到你的鼓舞，继而投入并开始配合你的努力——这离你要追求的目标又近了一步。

必要条件一：做到了往大处着想，再为从小处着手创造选项

让我们假设，你将自己的愿望或预期结果设定为"在接下来的八周时间里使客户留存率增加15%"。运用我在本章中描述的方法，你不会一次

完全实现这个结果——那实际上是同你自己以及你团队的努力相悖的。相反，你会想要列出一系列小步骤，使你能够以可实现的、平稳的和可持续的方式逐步达成所愿。这也能够使你创造快速的反馈回路，并且当你看到自己正朝着期望目标进步时，就会很有成就感。

在你明晰了自己的期望目标之后，就需要动脑筋为能够达成所愿的小步骤创造选项。要将所有你能够想到的选项全部列出来。挑战你自己并创造出尽可能多的选项。列出新的和旧的行为，还要写出你需要通过实验来掌握的必备技能、尚处于初学阶段的技能或仅仅是你有兴趣去做的事情。你写下的选项越多，就越有可能找到对你来说有效的行为。这是福格在他的行为设计培训课上所用的方法。

现在你已经创造了一些选项，还需要确定你认为与达到自己期望的更高水平结果最相关的第一小步。迈出这一小步，你就可以为其结果庆祝，不管它是正面的还是负面的。你要重新开始设定自己的神经通路，执行新行为，并且开启再学习的过程。你要坚持这样做，因为这样做能促使大脑调节以应对不舒适状况和不确定性情况，或减轻对未知任务的本能抵抗。这一简单的开始行动就是进步，所以要为之庆祝，体会你已经开始获得的成功感。这一小步就相当于你第一次尝试失败了也不要紧的实验，它起到了一个过渡的作用，从此你便开启了全新的想和做的方法。

或许没有比这更好的"往大处着想但从小处着手"的例子了——1963年约翰·肯尼迪总统宣布，美国要在20世纪60年代末将一个人送上月球，并使他安全返回地球。这是一个非常宏大的愿景，它轰动了整个美国。它简单明了、引人注目，当然也是一项浩大工程。然而，当美国宇航局着手来实现它时，他们需要创造成千上万的小步骤来达到它——包括构想、设计、建造、测试等一连串必要的前期准备工作，以及最终落实一大批新硬件，其中有火箭、登月舱，还有着陆器、航天服、供氧系统，甚至宇航员一路所需的食物（以及供他们处理排泄物的系统）。

虽然你可能不会计划将一个人送上月球，但将你的努力分解成小步骤，一定会帮助你顺利实现最终的愿望，不管它是什么。从你当下所处的位置走到你未来想到达的位置，你认为自己需要迈出什么样的步伐？第一步又该是什么呢？

想想开发了魔法腕带的迪士尼团队。他们为了使顾客再次光临"世界上最幸福的地方"的意愿增加，重新设想了乐园体验方案并开始反向努力。他们从魔法腕带模型这样的小处着手。通过主管的模拟体验和审核，方案得以继续推进，然后他们选取了1000名顾客进行测试，包括度假村、餐馆、游乐设施等更小规模的测试——并不断接受更大、更多、更困难的挑战。

塞雷娜·威廉姆斯想再赢得一次大满贯。她从小处开始，即通过与教练合作，引入新的、微小的改变来调整自己的步法，调整击球预备姿势和打球的速度，等等。每一次循环，每一次实验，都丰富了她的想法，也指导她进行下一循环的行为，乃至再下一次，直到取得非凡进步。

必要条件二：找到与助你达成所愿相匹配的正确行为

找到助你达成所愿的正确行为这一问题，是再学习过程中所包含的几个最难做到的方面之一。在福格的"行为设计"方法中，他将其称为行为配对。行为配对的目的就是在你计划达到自己的愿望或期望结果时，找到与你的动机等级及能力相匹配的正确行为。

让我们假设，我和你都想学习弹吉他。我们都找了同一个老师，他用同样的方法教我们，但是你脱颖而出，我却没有。为什么会这样呢？这或许和老师一点关系都没有，而是我和你之间存在差异。例如，你可能更像是一个视觉型学习者，而我更像一个听觉型学习者。所以当老师同时给我们上识谱课的时候，你立即就懂了——这类刺激更加适合你。但是，我却非常挣扎，因为我需要听到音乐来学习。识谱的刺激与我学音乐的行为无法配对。

行为配对通常需要将个体的能力、技术和偏好融合起来，并且要能不断重复。这也是为什么你要试验多种行为的另一个原因，因为或许你需要尝试很多不同选项，才能为自己找到正确的行为。以更小、更快、更低的成本重复尝试不同行为，会帮助人们更快地找到适合自己的最好选择。如果你从小处开始，也就更容易从不理想的结果中恢复过来，以优雅的失败发现它不是正确的行为，从而继续保持前进。

不同的人有不同的行为以帮助自己达成所愿。这就是为什么对个人和组织来说，忘却是困难的——你不能将一个单方面行为（或一套行为）用在所有人身上，因为人们天生是不同的。然而，你可以刻意练习"忘却循环"体系和"行为设计"方法，以帮助自己找到达成所愿的正确行为，同时它也一定是与你的具体兴趣、技能和爱好相匹配的个性化行为。

必要条件三：从小处着手可能比你想的还要小

让我们回到"在接下来的八周时间里使客户留存率增加15%"这个例子。通常，当我和客户一起来确定应当从什么样的小步骤开始时，他们能够想出的选项内容依旧过于宏大，主管们普遍的想法都是直接奔向一步到位的大方案,然后将其解构为一系列待完成的任务。他们不懂得将其按比例缩小为能进行实验并不断升级的小步骤。他们对成功的定义就是完成所有预定的任务,而非在不断进步的过程中,以小步行动和纠错调整培养出新行为。

勾掉大方案中的一项项任务,并不能帮助你实现再学习;那种方法是应当被忘却的。你要以自己的远大愿望或目的为中心,但同时也要尝试将其按比例缩减,创造出能达到它的小步骤。这样的方法既能够使你的愿望或目的变得更加切实可行,又能通过实施小步骤行为创造出相关证据,证明你是在通往理想结果的正确道路上。

例如,很多人都怀有要更加健康地生活和保持更加积极向上精神的愿望,但常常会在该从哪儿开始的问题上徘徊不前。一些特别有野心的人甚至树立了要用六个月时间完成跑马拉松的愿望,这对于我们大多数人来说好像是过于自信了,如果不是毫无可能的话。这种愿望也导致声名狼藉的"沙发上的马拉松"培训项目得以兴起,该项目承诺,在六个月甚至更短的时间内,可以使任何人从一个完全不跑步的人变成马拉松项目的完成者。

那么,你怎么样来开始这一项目呢?你会感到很吃惊,它并不是开始于从沙发上站起来,然后跑完一个全程马拉松,或者半程,或者哪怕一英里。它的起步真的很小,所以也很容易做到和开始。这个项目开始于非常简单的要求,你就从沙发上站起来,然后围着小区走上 10 分钟——这确实并没有多费劲。之后每一阶段,再刻意地采取另一步难度很小的但是挑战性有所增加的步伐前进,从 10 分钟到 13 分钟,在走路时可加入轻微的慢跑。通过这样的做法,你就能慢慢地且可持续性地实现在六个月内跑完一

次马拉松。³

当我们坐在沙发上时,"在六个月内跑完一次马拉松"这样的想法可谓往大处着想,而绕着小区走就是从小处着手,小到你或许会怀疑这对于达成你的大愿望是否可行。然而从这个轻而易举的行为着手,标志着你开始行动了,并且你可以从此不断升级。

另一个需要从小处着手的关键原因是,要使员工在向更长远的目标和愿景迈进的过程中,能够尽早、尽快地获得成就感,并且使大家看到自己的新行为所带来的成果。成功做到这些的最好方式,就是从小处开始着手,同时也要搞清楚,怎样推进到下一个目标——更高级别的挑战。

从长远角度看,改变行为的关键就是你在达成所愿的过程中,要采取较小的、平稳的、可持续的步伐,而不是采取难以完成或者不易坚持的大跃进。这意味着要逆向运作,将重大的任务和举措分解成许多较小的步骤,每一步都是需要一些努力的,但是努力的程度不会超出你的可承受范围。

要顺利实现你的愿望或达成最终目标,且能够保证你一路都会坚持朝着它不断前进,那么你所迈出的第一小步应当是什么呢?建议你逆向分解自己的想法,就像美国宇航局工程师所做的:从一艘航天飞机、一个月球舱、一颗卫星、一发火箭、一个发动机、一根导火线开始。列一张表,然后将这些步骤分解得更加精细。问问你自己:我在一个月之内能够做到什么?我在一周之内能够做到什么?我在一天之内能够做到什么?我最小步的行为应该是什么?将这些答案都写出来,然后量化并为其设定约束条件,再准备好开始行动。

"行为设计"和福格行为模型

福格 20 多年的研究都在关注"行为设计",致力于探索创造新行为的方法和模型。再学习要求你能够调整自己的行为,这一调整过程必然包含对旧想法和旧做法的抛弃,只有运用新的做法,开创新行为,你才能取得非凡进步。但是,众所周知,抛弃旧行为、创造新行为不是那么简单的事情,不论是在工作场所还是在我们的私人生活中。

关于此事或许没有比新年愿望更好的例子了。不管是要减肥、要找到一份更好的工作、要还清信用卡、要开始吃得更健康、要健身、要戒烟,还是无数其他的新年愿望,其中大多数都注定会失败。事实上,研究显示,每到二月份的第二周,人们 80% 的新年愿望都会被放弃。[4]

为什么呢?在大多数情况下,人们选择的愿望或目标都太大、太激动人心,但是又太难以实现。这样反馈回路就比较缓慢,增加了进步的难度,也无法使人不断获得成功感。将大的愿望和目标分解成较小的、更容易实现的多步骤行为要好得多,这样就能使你不断前进,直到取得成功——这样的进步过程能够提供快速的反馈回路。每一小步的结果累积起来,就能使你的信心倍增,从而能更好地应对更困难的挑战。你不可能明天就试图跑完一个马拉松,但是你可以从明天绕着小区走一圈开始,然后一小步一小步地逐日递增。

根据福格的观点,通往成功的道路就是用他称为"微习惯"的方法,即将愿望分解成较小的、具体的行为来开启。关键在于要使事情真正容易做到，然后利用你的常规行为激起新的行为。例如，如果我设立了要定期用牙线清理牙齿的愿望，那么我就会结合某个刺激，从一个极小的行为开始，而不是从每天将所有牙齿用牙线清理两到三次开始。

我将用"微习惯"方法中的一些具体术语来说明被福格称为"处方"的东西。就我用牙线清理牙齿的行为来说，"处方"或许是："在我刷完牙之后，我要用牙线清理一颗牙齿。"刷牙就成为我用牙线清理牙齿这一新习惯的刺激，接下来我会立即庆祝我成功做到了——或许就是通过照着卫生间的镜子大声说出"我太厉害了！"。做这个练习能产生多巴胺，这种化学物质直击我的大脑，从而加强新的神经通路。假以时日，这个习惯就会自然而然地巩固起来。当这一行为变为我日常生活中的一部分时，我就可以逐渐增加每次刷牙后用牙线清理牙齿的数目，直到一次就能将所有牙齿全部清理一遍。成功了！然后再转移到下一个我想要达成的愿望或目标上。

根据福格的理论，行为的发生需要三个因素一起促成：动机、能力和某种刺激。这些成分组成了"福格行为模型"（Fogg Behavior Model），该模型表述为："行为 = 动机 + 能力 + 刺激"（B = MAP）。福格对此这样解释："动机、能力和某种刺激必须同时具备，才能产生一个行为。如果一个行为没有发生，那么至少有一个成分是缺失的。"让我们分解福格的公式，来考察每一个成分。

动机是指做某事的欲望或意愿，通常由心理因素驱动。根据福格的解释，有三个"核心激励因素"对人的体验是最为重要的：感觉、期望和归属。每一个核心激励因素都有其反面：

- 感觉
  愉悦

痛苦
- 期望

  希望

  恐惧
- 归属

  接纳

  拒绝

能力是指具有做某事所需的技能和方法。福格提出，要提升一个人的能力有三种方法：培训他使其具有更多技能；为他提供新的工具或资源；使目标行为变得容易做到。根据他的建议，培训是比较难的方法。如果人们愿意发展新技能，那当然很好。然而，很多人都会抵抗或是讨厌培训。相反，很多情况下，你应当致力于使目标行为变得容易做到。根据福格的建议，可以考虑以下五个相关因素：

- 时间
- 金钱
- 体力
- 脑力
- 与常规行为的匹配

刺激是指某些外在的（例如一个闹钟）或内在的（例如从厨房的冰箱旁走过这一行动），能够触发或暗示人们采取行动（在闹钟的例子中，走出大楼；或者在冰箱的例子中，吃一个馅饼）的因素。在福格的行为模型中，包含以下三种刺激：

- 诱导（动机高、能力低）
- 灵感（能力高、动机低）
- 信号（能力高、动机高）

如今，社交媒体公司普遍会向用户发送带有刺激因素的短信，意欲迫使接收者采取某些行动。如果你是脸书（Facebook）的用户，那么你一定知道，假如有一段时间你没有访问脸书界面的话，你就会收到脸书公司发来的邮件信息，旨在敦促你重新访问并使用其平台。例如，邮件里可能会说，你不在社交媒体网站上的这段时间里，总共收到了十条朋友发来的信息，你的朋友发了一张新图片，你有五个新的好友申请。

根据福格行为模型，一个特殊行为会在动机、能力和刺激同时具备的时候发生（见图5-1）。我们可以在二维空间中将其形象化。垂直尺度上所代表的是人们做出某项行为的动机，范围从低到高。水平尺度上所代表的是人们做出这个行为的能力。福格所规定的能力概念的范围，是从"易做到"到"难做到"，而不是说人们的能力从低到高。

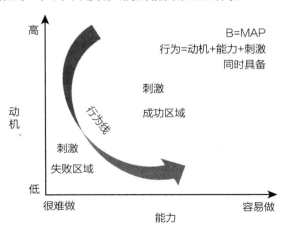

图5-1 福格行为模型

从图中你可以看到，人们的行为动机有多大是与某件事情有多容易做到直接相关的。例如，让我们假设，我邀请你品尝我新学会做的一顿饭。如果我告诉你只要尝一勺就好，那么由于你正好饿了，并且它也容易做到，你就会有很高的动机，很可能在尝的同时你就把这顿饭全部吃完了。另一方面，如果我告诉你这顿饭超级好吃，而你对此并没多在意，并且如果你刚刚已经尝了十样菜，而我的菜又比较重口味，收到这个刺激时，你很可能就不会吃我做的饭了。

所以，当你尝试为自己设计新行为时，最好以真正容易做到的事情为刺激，并且最终要减少对于高度动机的依赖。如果事情极易做到，但人们还是没有实施新行为，那就证明你可能是在试图匹配错误的行为。这项行为就无法开始，也不会成功。

当然，会有多种可能的替换性行为，而我们每个人是独一无二的——每个人会有不同的动力、愿望和需求。但成功的关键仍然在于行为匹配：每个人要匹配到正确的行为，做真正有动机、有能力和准备好了去完成的事情。在谈到适合具体个人的行为时，福格建议，遵循下面这两条准则：

福格准则#1：帮助员工做他本来就想做的事。

福格准则#2：帮助员工获得成功感。

将再学习付诸实践

正如福格所展示的，如果你要尝试创造一项新行为，那么最好的开始就是使事情真正容易做到。这意味着，你不需要过度依赖动机，这样开始起来自然就会更容易。在想要达成的愿望或预期结果方面，你要往大处着想，但要实现它，你需要从真正容易做到的小事开始着手。第一，使你的员工从小处着手，这样就创造出一个失败了也不要紧的实验，也使得他们很快就会有成就感。第二，鼓励员工要将自己的新行为，也就是第一小步，与自己想要实现的大愿望或预期结果紧密联系起来，这样的鼓励能帮助员工明显感受到，自己在为长期目标努力过程中所取得的进步，从而产生更大的动力，更有信心继续不断取得成功。这个刻意的练习是伴随行为配对实验同步进行的，以帮助员工找到与实现自己的愿望、获得与预期结果相匹配的行为，并成功应对后续越来越有挑战性的行为。

我们来看这样一个例子。我每次为主管们做培训的时候，总是会听到他们表达想要提高效率的愿望。在我们开启"忘却循环"模式之后，我要求他们对于所谓的效率具体指的是什么要十分明确。它指的是体现于员工、团队或者目标客户身上的某种效果要更好吗？我让这些主管讲述关于未来的故事，也就是假如他们决定要解决的挑战性问题已经很好地解决掉之后，所表现出来的成功会是什么样子。他们会在做什么？会发生什么？我听着主管们描述的新行为，然后和他们一起将其量化并制订相关约束条件——例如，在随后八周时间里，将员工的工作满意度提升50%。之后我们再决定从哪儿开始，并找出阻碍他们取得成功的因素是什么。

这一步的关键之处是要确定并写出能使主管们取得成功的小步骤选项，以及阻止他们取得成功的障碍。不出意料，会议的效率问题浮出了水面——他们要花费50%的工作时间来开会。我鼓励主管们在他们现行的会议常规内容中加入一个极小的新行为：在会议结束之前，留出五分钟时间，问问每一位参会者："相较于你的期望，会议的效率怎么样？"然后在会议室里走一圈，好好地听听每个人的回答。

有几个原因可以说明，以这个轻微调整来改变主管的行为，必然会在团队的整体效率提升上产生巨大效应。首先，它展示了领导者的新行为。其次，它说明领导者在通过积极寻求反馈来示范新行为。这又进一步说明，他们希望为了整个团队的利益而改进体系。最后，它会在整个组织中产生涟漪效应，因为其他人会认识到领导层的新行为并效仿。

领导者所做的小事情能在组织的体制方面产生影响，并具有网络效应，会在组织中引发神奇的效果。当员工们相互分享会议所得时，你要倾听和学习，同时检验一下这次集体会议的时间投入所带来的效果是否符合你的预期。预期结果达到了吗？每个人的意见都是一致的吗？若大家意见不一致，所存在的共识缺口是什么？在大家分享自己观点的同时，团体中就会共享新信息，你就可以检验自己对于会议效率的隐性假设是否准确。这些信息可以告诉你，为改进下次会议的效率你需要调整自己的（和团队的）哪些行为。

要停止的行为

我们尝试忘却的过程，也就是逐渐停止去做某些行为的过程，这个过程会让你认识到，其中某些行为是受非常简单的刺激使然，例如别人的言语。我经常告诉主管和领导者们要避免去做的事情之一就是当团队中有人说不知道该如何做某事时，你立即就告诉他答案。在这种情况下，领导者直接提供答案是最适得其反的。如果你想要培养员工的能力，你应当教当事人去解决问题,让他自己来找到答案——而不是不断地为其提供答案。让员工意识到所接受刺激与自己行为表现之间的联系,也能帮助他们认识到你的领导力状况如何,也就能相应地调整自己的行为。

如果你正在为要如何停止某项行为而苦苦挣扎,那么福格行为模型也是有用的。它所提供的策略之一就是移除刺激。想想上一章中提到的主管所写下的"忘却声明":

我要用三个月时间,通过忘却解决做决策的问题。
我知道我已经做到了,当:

- 所有既定决策中,失败了也不要紧的占100%。
- 我的决策导向100%都是依据为什么这是重要的,从而决定要达到何种结果。
- 我的决策导向0%关涉怎样达成结果的具体问题——它将由相关个人来决定。
- 我带领的团队成员中,有0%在做决策的责任上显示出习得性无助感。

在这位主管写下这样的"忘却声明"之后,我和她一起坐下来思考,帮助她理清达到预期结果的可行性小步骤有哪些,她想出了很好的新行为来做实验、收集新信息和再学习。她说:"明天,当有人问我要做什么的时候,我就会告诉他,自己去做决定。"

这个微小新习惯的引入,为这位主管调整她的行为设置了一项约束条件。她看到了履行这个微小调整所带来的直接效果,比如团队领导者对此的反应如何,也包括谁负责了谁没有负责,这些发现让她获得了关于每个团队成员需要什么的新信息和新观点。我的方法帮她揭示了谁需要鼓励、谁需要训练的问题。这是一个失败了也不要紧的实验，因为它就是一个一天内可完成的实验。然而，它却使得主管对于她本人及其团队在组织的行为规范方面有了巨大发现。所有这些新见解丰富了她的想法，使她感到尝试新事物是有成就感的，也帮助她调整自己的行为，以进行下一步，即追求她在"忘却声明"中所表述的更高级别的目标。

随后，她又引入下一个新习惯，是更进一步但也同样微小的步骤，那就是在和自己的团队沟通时，她都会本能地以这样的方式来开启所有涉及做决策的谈话："我要试着将做决策的权力转移到身临其境，且对相关信息掌握最丰富的负责人那里。所以，你们认为谁是做出这项决策的最佳人选，就由谁来决定。"慢慢地，但也是肯定的，她看到越来越多的团队领导者负起了做决策的责任，反过来，这也鼓舞了他们的团队成员负起责任——她的整个组织中产生了涟漪效应。

几年前，我想提升自己的工作效率和时间利用率。我设置了一个想要达到的目标，也思考了我应当停止的行为，以帮助我达到预期目标，我写下了这样的"忘却声明"：

我要用六个月时间通过忘却解决压力的问题。

我知道我已经做到了，当：

- 我回到家时很有成就感的时候占到了100%。
- 我工作内容中致力于个人发展的部分占到了25%。

我问自己，我能在一个月内做到什么？我能在一周之内做到什么？我能在一天之内做到什么以及我得以开始的最小步行为是什么？我分别列出了一些有帮助的选项、拖我后腿的障碍，还有我正在错过的机会。然后，我又通过描述未来取得成功的故事，来核查我所认为有帮助的行为。最后，我决定要减少花在社交媒体上的时间——这是我习惯去做，但是却没有多少回报的事情。每一次，当我拿起手机接电话，查看天气、导航或是回复邮件时，最终都会不可避免地陷入脸书中而不能自拔。

在我所描述的成功故事里，我会更有效地利用时间，也就没那么多压力了，因而能更多地培养可以帮助我成长的技能。这其中阻挡我的一个最大障碍，就是社交媒体。我需要从我的手机上删除脸书这个应用，来消除此行为产生的刺激。虽然还是有接电话、查邮件或者在手机上处理其他事情的刺激存在，但是我却不能再查看脸书，因为它已经不在手机上了。结果就是，我停止了在社交媒体上浪费时间，进而能将时间用来做更多具有影响力的事情。

当然，这还是不能阻止脸书试图使我再次使用他们的平台。脸书发现我不再展示出他们期望我应该有的行为（定期登录他们的应用），所以就开始发送刺激（邮件）以迫使我恢复登录。但是由于我的动机较低，无论他们给我的登录路径变得多么简便，我都不会登录。我不会做出这种行为。鉴于这种惯用的方法对我已经不起作用了，他们也会认识到原来那些用来强迫我登录的刺激已经失效，就又会尝试其他方法。

市场营销者非常清楚刺激的力量，所以很多应用、社交媒体网站以及线上零售商，会灵活利用它们来刺激客户表现出他们所期望的行为——不管是恢复登录，将一件商品移入购物车并购买，还是在关键决策上影响你的想法，由此提高客户获取量和客户留存率，以增加收益。

人与人是不同的。没有哪两个人在各方面是完全一样的，所以对一个人有用的行为对另一个人可能没用，这并不奇怪。比如，我和你，或许都有要学习某一项新技能的相同愿望，但是那并不意味着对你来说有用的行为对我也有用。因此，你或许需要尝试很多种不同的行为，来达到自己的期望或目标。这也是为什么当你尝试再学习的时候，实验是很重要的。

同样重要的是，实验必须是失败了也没关系的，这样你才不会害怕去做实验。这一理念的核心要义就是要设计出好的实验，即在人们尝试新方法、再学习的同时，创造一些可恢复的条件，以保证实验的失败不给个人或组织带来巨大的灾难。再次强调，愿望和目标，也就是我们想要革新的事情要往大处着想，但是开始时要从小处着手，即开展那些能够快速进步、快速产生结果、失败了也不要紧的微小实验。例如，如果主管们提早结束会议来问问参会者，会议是否有效率，虽然他们只损失了五分钟的时间，但是结果却会大有发现。

往大处着想、但从小处着手是帮助人们勇敢起来的一个很好的方法，同时如果你在过程中犯了错误，也能避免灾难性失败。在迈向自己渴望达成的愿望或结果的过程中，人们要通过解出什么样的行为对此有用（或没用）的等式来应对行为匹配的挑战。伟大的领导者就是伟大的实验者，他们懂得如何用失败了也不要紧的实验来处理好风险的负面影响。有些人是凭直觉这样做，而有些人是有意这样做。

当领导者采取小步骤再学习的时候，会为其带来深刻的影响力，因为人们会向上、向下、遍布整个组织去宣传这些行为，这就是一家公司拥有好的领导力之后，其行为和规范所该有的样子。

第 6 章

突破

> 放弃的选择是双向的。要么是你主动放弃或退出，要么是你克服障碍或击退失败，使其为你的成功让路。
>
> ——艾杜·柯延伊坎

"忘却循环"体系的第三步也即最后一步，就是突破。突破是忘却后再学习的结果——它是"忘却循环"的前两步所产生的新信息和新见解。这些新信息和新见解蕴藏着非常强大的力量，因为它们能丰富和转变你的视角。当你体验到新视角的好处（它会影响你的思维），你也就会更经常地、更加积极主动地忘却你的行为。它就如同一种促进剂。

人们常常会发现，要放弃自己的惊人想法是非常困难的。但实际上，太过局限于自身的想法和看法，或是太过坚持自己习惯性的行为，都是不可取的。这会导致你在取得成功的路上，轻易地忽略任何具有挑战性的新方法，或者轻视那些与自己的基本假设相反的信息，甚至还会直接封锁与此相关的备选信息。

当经历了突破，并将自己从现行的思维模式和行为方法中解脱出来，你就能学会放弃过去，以取得非凡进步。你会认识到，伴随世界的不断发展、革新和进步，我们每个人也必须做到如此。坚持一成不变的想法和行为习惯，会阻碍你的进步，也会阻碍你在未来取得成功。取得突破能为你提供一个很好的机会，可以让你去反思自己在再学习过程中的收获，同时也为你应对前方更加艰难的挑战提供了一块跳板。

这个过程可以简单到你只需问问自己哪方面进行得很好，哪方面进行得不是那么好，以及假如再给你一次机会尝试忘却，面对同样的挑战你的做法会有什么不同？将这些信息和见解进一步传输到未来的"忘却循环"中，就意味着你的每一次循环都会产生更加深刻的见解，获得更大的影响与成长。

专业运动员对此一定不陌生，他们非常懂得利用反馈和反思的力量来改进自己的表现并取得突破。长久以来，他们都会从自己的教练那里得到启示，正如帕特里克·穆拉托格鲁第一次在巴黎遇到塞雷娜并向她传达信息时。渐渐地，科技的优势越来越明显。美国橄榄球联盟开始在运动员的垫肩上安装无线射频识别感应器，使得球队可以收集运动员在训练和比赛中的精确数据。这些实时的反馈可以用来帮助运动员反思自己的成绩，从中获得新见解，以促进自己在当前或未来比赛中表现出更高水平。[1]

取得突破之后，随着你刻意练习忘却，建立肌肉记忆，并以更大的积极性和创新的改革措施，以及新的想法和新的运行体系向前推进，"忘却循环"便再次从头开始。你最初的突破会带来第二次突破，同时你会认识到今后还可以取得无数次突破。更好的是，你认识到可以随时随地、根据需求应用"忘却循环"来取得惊人的、潜在的根本性突破。

在《终身成长：重新定义成功的思维模式》（*Mindset*）一书中，斯坦福大学心理学教授卡罗尔·德韦克（Carol Dweck）阐述了"固定型"与"成长型"思维模式之间的区别。她论证了这样一个问题，为什么有些人认为他们不能通过掌握新信息变得更加聪明，而另一些人认为他们可以。

根据德韦克的观点，拥有固定型思维模式的人相信，诸如才能、智力之类的品质是固定的，不可能随着时间的变化而发展和改进。拥有固定型思维模式的人认为，每个人天生就拥有一套特定水平的天赋、技能及能力——没有任何干预或练习能够改变这个水平。他们相信智力或才能（或者这两者的结合）才是带来成功的关键因素，而非努力，所以对于人们可以凭借自己的能力在任何领域取得突破和更高水平表现这样的观点，他们难以置信。

另一方面，拥有成长型思维模式的人相信，诸如才能、智力之类的品质不是固定的——它们可以通过努力来培养，可以随着时间变化而发展和改进。这些人进一步相信，成功可以通过尽心尽力的付出和刻意练习来获得，并且他们在面对挑战时是很有韧劲的。根据德韦克的说法："你可以教一个成长型思维模式的人凭借强大动力投身于商业界、教育界以及体育界，并创造出巨大生产力。这种思维模式也能加强人际关系。"[2] 对于能取得突破的人来说，正是成长型的思维模式使得突破成为可实现的愿望。

思维模式对于管理者如何对待他的员工也具有一定的影响。运用固定型思维模式来做管理的人，最终会导致员工展示出学习上的无助性，使得他们永远都不能尽心尽力、甘冒风险地去付出，也不会敢于面对不确定性。另一方面，运用成长型思维模式来做管理的人，会促使团队成员敢于冒险，员工能够明确地感受到来自领导层的支持而拥有高级别心理安全感。这会鼓励员工通过勇于负责、敢于冒险，以及改进性实验来争取更高水平的表现。他们会习惯于接受挑战、争取优秀，并且经常能看到他们拥有发展新技能的潜力——包括进行忘却。

在本章中，我会探讨如何进入并优化"忘却循环"的第三步，以及领导者（还有组织）如何能够利用它来不断加速突破以取得非凡进步。

突破的四个必要条件

有一个很著名的故事，讲述了一位主管雇用爱德华·戴明（Edward Deming）在自己的团队工作一周，并就如何能够改进主管本人及其所领导的组织的表现提供一些建议。在戴明到团队的第一天，他就说了句"你好"，然后就径直走到主管办公室。他在那里默默地坐了一整天，而那位主管则照常进行他的日常事务。

这一天快要结束的时候，主管走向戴明，问他："你有什么想法吗？"戴明只说了句："明天我会再来。"然后径直走出了门。

第二天——就像他前一天所做的——戴明走进主管的办公室，什么也没说。在主管处理日常事务的时候，戴明时不时地记点笔记。同样，当一天结束的时候，主管问戴明的想法。而戴明还是说了句："明天我会再来。"

这样的循环持续了一周，直到周五晚上，主管终于失去了耐心，他逼迫戴明给出一个答案。戴明就问了主管一个问题："你的工作中排名最靠前的三大要务是什么？"主管就将它们以同心圆的形式圈了出来。戴明说："你一整周都没有在这其中任何一件事上面花费时间，相反你的时间却被其他各种事务完全占满了，而且你和员工之间所有的工作交流，都是以你抱怨自己有多忙开始的。你能猜到为什么吗？"

不少人都喜欢自己的工作状态是很忙的，可以告诉同事、合作者及竞争者自己有多忙，是很多人都会为之庆祝和暗自享受的事情。但有一个我们或许没有考虑过的问题：这些忙碌的结果是什么呢？

在很多组织中，忙的状态是由工作体系所造成的，但通常这样的忙都不是特别必要。只有你经常保持忙的状态，才会被认为是在努力工作，是在做真正的工作、重要的工作。是的，只要别人能一眼观察到你的忙碌，诸如忙着不停地参加一个又一个的会议，而根本无法抽身参加聚会之类的交际活动，那就表示你努力的程度和全心全意投入工作的可信性很高。在大多数情况下，员工还会因此获得奖励——这进一步传播了一种努力拼搏的英雄文化，要向因熬夜工作、通宵工作、周末加班工作而超越了我们大多数人的杰出员工学习。这样不停地连轴转的工作模式被误解为是进步。

但这并不是。

如前所述，"忘却循环"体系三步法中的每一步都可以分解成一系列具体行动所需的必要条件来实现。就"突破"这一步来说，包含四个必要条件：反思、信息传输、升级突破以及提高你的忘却速率。下面我将详细说明每一个必要条件。

必要条件一：反思

你可以回想一下第 2 章中我讲述的国际航空集团的故事，一位集团领导拒绝接受客户对于他提出的新订票平台所做出的极其负面的反馈。（"真正能够理解的客户就会明白——为我找到拥护这个想法的正确客户。"他相当认真地说道。）虽然这位领导者的视角转变并没有在一夜之间发生，但他还是没有放弃努力，并最终成为运用"忘却循环"体系的模范代表。他完全地接纳并掌握了这一体系，并且再也没有回头看。

他是怎么做到这一点的呢？就是通过反思。

通过有意识地反思所发生的情况，他突破性地认识到了真正的问题是在他自身：他的产品向客户所传达的是公司想要什么，而根本没有关注客户需要什么，进而有针对性地设计和制造能够满足客户需求的产品。

对于很多领导者来说，最初的突破要在他们完成了两到三次的"忘却循环"之后才会发生。然而，你会发现，最根本的突破是你意识到"忘却循环"是一个能够应用于很多方面的体系："对啊，其实我自认为胸有成竹的每一件事都只是一个假设，是需要验证的。我真正应该尝试去做的就是探索出能够验证这些假设的最快方法。更好的情况是，不仅只有我自己来验证它——我应该和我设计的产品所要面向的人群一起来验证。"

还有一个我最爱讲述的故事，也与这位领导者有关。"提升"项目结束之后几周，他发给我一份邮件，告诉我一位员工来找他签署研发一款新产品时所发生的故事。他给这位员工的回复正是他作为领导者实现了突破的证据："为什么你要请我签署呢？你应该走出办公室去，走到机场找到客户，请他们来验证它。如果我们是为客户设计和制造了这个产品，那么就应当让他们同意签署而不是我。"

我的客户群体中包含一家很大的国际金融机构，该机构正处于其业务转型的中期，其领导者意欲使整个组织发展更具灵活性。但是一开始，领导团队中占优势的思维模式和行为都是这样："我们有这样高的积极性，我们也有完成它的宏大计划。那就让我们找出所有需要执行的任务然后去执行吧。"

这听上去好像很有道理，对吗？领导团队对于成功的定义是完成所有的任务,这就是重点所在——保证员工、团队和公司一直都忙于按预算完成任务——而这也是他们奖励员工的参照。

但是相信我,你不能仅仅通过对照任务表打勾而取得突破,继而转变你自己、你的团队和你的组织。你的突破要通过退一步来反思你究竟在做什么,以及你的努力产生了怎样的结果来实现。你是在做正确的事吗?你需要做另一些不同的事情吗?你真的取得了自己打算中的期望结果了吗?还是你只是一边在任务表上打勾,一边在问自己它是否花费了如你预想一样多的努力和时间?

当我开始和这家公司合作的时候,我知道第一要务是帮助领导团队认识到,他们现行的领导方法对于忘却以及引入新行为进行再学习是存在很大限制的。我解释说,仅仅度量输出是没有意义的。我们真正应当度量的是成果。因此,以执行为基准的方法并不可取,在这种情况下,你和员工之间的沟通可能是:"我们有了一个方案,那么就把它分解成一张详细的任务表,然后在规定的时间和预算范围内完成这些任务吧?"与此相反,你应当反思一下,员工在工作中有没有以更加快速有效的方法取得大家想要的成果,比如"上季度我们是否将客户留存率增加了10%?"只有当你以成果而不是输出来衡量你的工作时,你才会促使自己升级突破,创造更多更好的选项,以达到成功。

我要求客户团队尝试一个新的小行为,即在开始工作之前,首先为自己的工作写下一个假设——用我所建议的"如果/那么"理论和以最终成果为基准的成功度量法作为工作的起点——然后进行一系列实验来验证这一假设,看看它们是否满足了自己的期望。在每一周的周末,所有人都要坐下来反思一下,看看自己实际上取得了什么样的成果。这就是他们从再学习到突破的转变过程。

公司的首席执行官很快就发现,只靠一句"你完成任务了吗?"来督查员工的工作情况,是轻而易举的事情。但是要探究一下员工所完成的任务事实上有没有影响到你尝试取得的成果,却要花费不少功夫。在某次我们做反思的过程中,这位首席执行官在一张卡片上写下"灵活是很难的",然后将卡片贴在了墙上,他想让团队的其他人都看到。这是他个人所取得的一个很有力的突破。看到首席执行官的这句坦白,大家都感到很震惊。首席执行官继而解释说,他以为他本人以及整个团队的工作方法都是很灵活的。但是后来他通过再学习为什么成果比输出更重要才认识到,实际上他自己的做事方法,甚至信念和行为习惯都是不正确的。他还认识到,如果你多花一点时间来反思成果,而不是一味地努力付出,能够坚持对成果而不是对输出负责,那么你会发现好的实验是多么容易做到。

尽管这对于那位首席执行官来说已经是巨大的突破,但他更进一步,将自己的见解向前传输,来推动整个组织的突破。紧随我们的反思,他给全公司员工发了一封邮件,公司当时也正经历着同样的初步转型。邮件的标题就是"灵活是很难的",他进一步解释了他如何正在试着和领导层团队一起,以一种新的方式来开展工作。他们以身作则,通过实验的方法来验证并推行领导者要求公司其他员工都采用的实践方法和原则。他以为领导层的做法都是很灵活的,但是经过反思他认识到他们并没有那么灵活。他以为这是容易的,但是却发现这实际上相当困难。

在这位首席执行官有了这样的认识之后,他敢于分享自己的失误,敢于将自己的脆弱和谦逊展示在大家面前,同时也展示了他在积极探索,要以一种全新的方式与团队一起工作的意愿,因此他在整个组织当中创造了一种涟漪效应。他不仅展现了成长型思维模式和作为一个领导者的通情达理,更重要的是,他还做出了忘却的表率,这正是他们的企业所需要的,这就为公司取得长久成功奠定了新的基础。

大多数组织中的员工整天都忙得不可开交。通常,有多忙和完成了多少任务就是他们工作中所面临的最重要的评价标准,你工作越努力,就越是一个好的贡献者。至少大家都形成了这样的想法。然而你是否还可以做得更好呢?想想你真正试图得到的成果是什么,并问问自己:有什么办法能够以最少的努力换来最大的成果呢?在工作计划和活动策划方面花费太多心思,但却未能对结果做出必要反思,其实是过分注重工作执行过程的表现。

过分注重执行的人从来都不懂得创造反馈回路的重要性,反馈回路得以使你对自己努力的成果,而不是对活动的输出做出度量。在对于真正的成果和自己所创造的输出这两者的反思、回顾和检查方面,很多人会在两者之间做出折中,一想到哪怕只是暂停一小会来反思,也会对自己产出更多输出的能力造成影响,他们就会感到无比焦虑。因此这些人就停止在工作中建立反馈回路,最终也没法对所有努力的结果进行反思,或是将自己所发现的有效信息向前传输,服务于自己的决策和过程纠错,并用于指导自己接下来的步骤。他们不允许自己有时间来研究、思考,或者搞明白所有的结果是否与自己期望达到的目标相一致。直白地说,他们是因为太忙而顾不上这样做。当然,这一点是一个要被忘却的错误。

必要条件二:信息传输

当你从小实验中收集到反馈,就要将这些结果传输到你的下一个小实验中，然后继续将所得结果传输到再下一个小实验中——最终你所得到的好处会实现指数倍的升级。每个随后实验的质量都会有所提高，因为你会倾向于应用和结合前一次实验中学到的新东西。

注意度量你的成果，这比度量输出更加重要。注意实时收集反馈信息，以快速得知你努力付出的成果效益如何，这样就能在几分钟内、几小时内或几天内优化调整你接下来的行动，而不是像传统方法的模式那样，可能要等上几周、几个月，甚至几年时间。

以下建议是可以帮助你在每件事情上采用实验的方法，也就是以基于证据的方法来创新并建立反馈回路的步骤：

- 针对你面临的挑战或是你自己渴望前进的方向，宣布一个需要改进提高的假设（如你在"忘却声明"中所做的）。
- 在开始实验之前确定一个以成果为基准的成功度量方法，然后坚持对此负责。
- 将你发现的信息传输出去，以服务于接下来的步骤。
- 要懂得成功就是用又快又廉价的方式收集信息，以形成更好的决策和行为。
- 要认识到唯一真正的失败是未能学习，所以要快速进行学习。
- 将你发现的信息传输到接下来的"忘却循环"中，以形成一个良性循环，从而为你做决策、创造新行为、产生新视角和新想法，以及接下来要学习的东西提供参考和帮助。

必要条件三：注意行为与影响的联系，增加安全性以进一步突破

为什么很多人总是无法摆脱旧的思维模式和做事方法？一个重要的原

因就是，这些人总是被执行模式所束缚；他们不会花时间停下来去思考，或者进行反思。其结果就是，他们不能有意地建立起有效的行为，也不能将偶然的成功升级为更大的或者更经常的、更有影响力的成功。

那么我们怎么样来升级"忘却循环"并由此产生突破呢？关键就在于刻意的练习，练习的过程需要你有足够的专注力，要进行反思，并进行更多挑战性任务，以保持不断改进和不断迈向取得非凡进步的目标。为了逐步达到目标，我们可以这样做：通过弄清楚要忘却的是什么，不断往大处着想且从小处迈出第一步，反思我们所取得的成果，主动迎接更大的不确定性和未知挑战。要再次强调的是，你得鼓起勇气走出舒适区。这需要自律地致力于成长和改进。这就是为什么那些进步的人都在不断尝试找到自己的知识阈值和技能阈值，并更进一步去超越它。这样做是需要勇气的，因为你并不能够保证预期成果一定会实现。就像塞雷娜·威廉姆斯在2012年所遇到的情况，她输掉法网公开赛着实令人震惊，但她仍然不断坚持训练和比赛，并通过失败了也不要紧的实验方法促使自己再学习，这为她提供了成长的机会，使她敢于拥抱不确定性，从而加速前进，并且取胜。

在第4章中，我们讨论了布琳·布朗的工作，特别是她对于"受损"和勇气的研究。再学习需要有很大勇气，而且它要求投身于此的人甘愿面对失败的可能性所带来的"受损"。根据布朗的观点，能接纳"受损"表明你能鼓起勇气走出舒适区，去迈入未知世界，以取得自己想要的成果。这一观点与艾德加·施恩（Edgar Schein）的"学习焦虑"观点息息相关：很多人会对尝试新行为的实验心生畏惧，因为他们不知道怎样来进行实验，也不确定新行为能取得的结果会是什么样，以及结果会给他们的感受带来怎样的影响。

我们还就心理安全感讲了很多，包括你敢于在别人面前承受失败后果的心理安全感如何，尤其是在自己的团队成员面前。谷歌的亚里士多德项目（Google's Aristotle project）认为安全感是高效能团队的第一指标。那些在别人面前感到失败了也没关系的人，会变得更强大，会取得更好的突破。因此，重点不在于你的团队成员有多聪明，而在于他们对于实验、失败，以及在旁人的关注之下接纳"受损"的适应性有多强。

谷歌发现，有五个关键的动态因素使得那些成功的公司在众多公司之中脱颖而出：

- **心理安全感**：我们能否承担让团队成员感到不安全或尴尬的风险？
- **可靠性**：我们能否凭借相互信任不仅做到及时完成工作，还可以保证其高品质呢？
- **结构性与精确性**：我们团队的目标、角色分配以及计划执行足够清楚明确吗？
- **工作的意义**：我们是否在为对我们每个人来说都很重要的事情而工作？
- **工作的影响**：我们是否从根本上相信我们所做的工作是重要的？

帮助员工将他们的努力与其所期望获取的成果联系起来，这是无比重要的。当人们能够看到自己的努力与想影响的结果之间达成了匹配和联系时——而不仅仅是产生了可待检查的输出——就能更加容易地知晓自己新行为的作用如何，就会更深刻地感受到尝试新行为的成功感，就会更有积极性去实现突破，就会更有信心继续应对更大挑战以取得非凡进步，如此多方面的行为和状态都会产生深刻的影响。

这就是为什么领导者要注重员工与其所从事工作之间的匹配，无论是在工作内容的分派方面，还是工作成果的评价与衡量方面，这一点都是至关重要的，若能使员工将自己的工作与其个人志向或期望联系在一起，也就是在最大程度上挖掘和利用他们的能力来达到对公司来说同样重要的预期结果。你的预期结果必须清晰明确地传达出来，并且要使员工在受鼓励和具备安全性的情况下来培养新行为。将平时的努力与最终成果联系起来，使员工能够看到自己的行为对于最终结果的影响力，他们才会获得成功感。通过实现上述反馈、匹配以及两者之间的联系（如我们将要在第10章中所看到的），就能更进一步加速员工的突破。

| 忘却小贴士 |

- 你本人、你的团队和你的领导是如何来度量成功的？是通过输出还是通过成果？
- 你是否清楚自己的努力对于你目前的积极性会产生什么样的影响？
- 你认为在为所得成果做出贡献的过程中能获得多少成就感？
- 你如何能够更好地将自己的努力同首要目标联系在一起？

如果你总是待在自己的舒适区，就会停滞不前而得不到成长。通过进行"忘却循环"，你就可以利用从中所得的结果、经验以及所发现的新信息，来做出更好的决策，并且这些成功的结果会鼓舞你迎接接下来更大的挑战。

需要注意的是，升级突破并不是去复制已取得突破的某人或某个组织的做法，这点很重要——还记得行为配对吗？当你鼓励员工分享自己在改进中所学到的东西，还有他们所获得的成功，以及他们所经历的挫折的时候，这都体现出了你在升级突破。这样做能使得适应不舒适的行为常规化，让你富有勇气，也能使你直面在成长和改进的过程中所遇到的不确定性。

艾德加·施恩定义了与走出舒适区相关联的两种焦虑：生存焦虑和学习焦虑。[3] 他强调，焦虑会阻碍学习，但同时如果学习终究会发生的话，焦虑也是必要的。例如，为了引发改变，人们经常会说："如果你不创新，你的企业就会分崩离析、走向灭亡，或者你会陷入麻烦之中。"这样的说法意在激发你的生存焦虑，从而刺激你采取行动。事实上，这种动机只在一段时期内有效——最终很多人都会解除此类刺激。因为当每个人都说你的企业要灭亡的时候，你四下看看，发现企业还是完好无损的，它就不是一个持久的动机。它在某种程度上有效，但之后其效果就变得极为有限。

另一种情况是，你可以减少学习焦虑。学习焦虑源于你担心学习新东西会很难、担心自己看上去会显得很愚蠢或是需要脱离曾经对你有用的旧习惯而害怕尝试新事物。在某种程度上，学习新东西会使人与周围的人格格不入，因而威胁到其自尊——在极端情况下，甚至威胁到其身份。[4]

这就是为什么要让尝试新行为的过程变得安全且真正容易做到，它就像一个可以无穷无尽供应能量的阀门，能够使人们不断进行实验，获得成长，拥有影响力。这一观念又与福格的"行为设计"、德韦克的"成长型思维模式"和谷歌的"亚里士多德项目"相呼应。所有这些模型都强调同样的价值观且体现出相辅相成的关系。你作为领导者，就是要设计出能够使得这类行为大放异彩的工作体系。

另一个商界常见的错误，也是人才转变中容易出现的错误，就是在公司中推广宏大的框架——一整套固定的行为和常规，并期望这个框架能在每一种工作环境和组织中都起作用。然而它会失败，因为每个组织、每种环境都是不同的，每个人也是不同的。此外，要记得行为配对！仅仅将一套相同的行为应用到每一种情况中并不会使你成功,却会使你看上去很忙。

让我们再来谈谈那家大金融公司的首席执行官。当他开始以一种不同的方式工作时,当他开始在自己的领导方法上做实验时,他认识到对于所做工作的成果进行反思,其实花不了太多时间。通过分享他的故事,例如新的见解、新信息和新学到的东西,他也逐渐适应了这样的行为。通过给全公司员工发送电子邮件,他提高了使其他人敢作敢为的心理安全感水平,减少了大家的学习焦虑,让成长型思维模式在员工中成为主流。另外,通过让整个领导层一边试着再学习新行为,一边有意地每周都进行反思,最终使他们都取得了突破。领导者都认识到了,过去大家只关注完成任务,而没有思考实际上自己是否在解决问题,或者是否通过完成这些任务而取得了想要的成果。

必要条件四:提高你忘却的速率

"忘却循环"这张拼图的最后一块,也即通向更大突破和非凡进步的那一块,就是要提高你的忘却速率。实验连同刻意练习使你得以应对快速变化的世界。在门洛帕克工作坊(Menlo Park complex),托马斯·爱迪生(Thomas Edison)就懂得利用在忘却、再学习和突破的过程中所产生的力量,当时那里被人们称为"发明工厂"。[5] 爱迪生和他的团队非常注重实验的作用,而不是要求自己一定要工作多长时间。在很多方面,那里的运行模式看上去都很像今天硅谷的科技公司。没有诸如朝九晚五的日程表之类的东西——若有必要,工人们会彻夜劳动,然后第二天就不工作,回去补觉。每一件东西都要测试,并成为频繁实验的对象,直到他们得到想要的结果和期望中的突破。最终，新产品就诞生了。

达·芬奇（Da Vinci）并没有什么任务清单；他只有一个待发现清单。他会将与期望和目标相关的问题列成清单，而不是将自己需要到市场上去买什么，比如水果、蔬菜、肉之类的东西列成清单。这样的待发现清单引导他去探索不确定性和未知，并使他长久保持好奇心。达·芬奇以问问题作为解决问题的方法，这在他的时代是革命性的，这也成为一个多世纪以后，由弗朗西斯·培根（Sir Francis Bacon）和伽利略（Galileo Galilei）发展起来的科学方法的前奏。下面是从达·芬奇的一个清单中摘录的简要节选：

- 米兰及其郊区的（计算）测量。
- 找到数学达人，让他向你展示如何将三角形变成正方形。
- 找梅塞尔·法齐奥（Messer Fazio）向你展示比例相关问题。
- 找到一个水力学专家，让他教你如何修理伦巴第式的船闸。
- 马埃斯特罗·乔凡尼·弗兰切塞（Maestro Giovanni Francese）答应过教我关于太阳的测量方法。[6]

伟大的领导者会有更好的答案，因为他们能问出更好的问题。这种提问的方式，不仅能帮到他们自己，也能帮到同他们一起工作的人，大大提高了忘却、再学习和突破的速率。完成"忘却循环"的次数越多，所做的实验也就越多，那么你收集到的信息和见解也就越多，这意味着你对自己的行为和思维模式的调整也会越有效。如此不断累积下去，你获得影响力和成长的可能性不断增加，因为通过"忘却循环"，你抓住了所有机会，探索出了对自己有效或无效的各种方法。每一次后续实验都能让你学到更多的东西，然后将它们运用到再下一次实验中，就会形成指数型收益。

如同爱迪生和达芬奇一般的人物因为有这样的认识，便能将自己的工作最优化，以尽可能快地、低成本地完成忘却、再学习和突破的三步循环。如今，很多企业都认识到了这种方式的好处。世界上最大、最成功的企业之所以都是科技公司，原因在于他们建立了平台，因此得以探索出其与客户之间的交流究竟是如何进行的，因而也能更加深入地理解客户的行为。为了获取实际上的真相而不是自己主观认为的真相，他们不断地、大量地运行"忘却循环"，并以数据信息导向型的方法来设计产品和服务。

当今最具创新性、最成功的企业每年要进行成千上万次的实验。亚马逊的董事长兼首席执行官杰夫·贝索斯（Jeff Bezos）说："我们在亚马逊取得的成功，缘于我们每一年、每个月、每一周、每一天所做的实验。我们努力降低做实验的成本，以便可以做更多的实验。"[7] 而且这样的实验过程是一眼望不到头的。据负责亚马逊"Prime 会员服务"的全球副总裁格雷格·格里利（Greg Greeley）所言："我认为团队一定是在想'哦，好家伙，我们现在可以松一口气了'。但是从我们公司的风格上来说，一定会不无意外地看到团队还在继续保持加速前进。"[8]

2011 年，亚马逊做到了每 11.6 秒就能部署一次软件，这意味着他们公司每 11.6 秒就能发现一些新东西。[9] 我敢肯定，数年之后，其创新能力的发展速度还会有所突破。而亚马逊公司不仅仅针对自己以卖书起步的网站进行实验和忘却，它还涉及亚马逊实体产业的全部，包括声控的私人秘书 Echo、Kindle 电子阅读器、亚马逊云科技、商场等方面。所有这些平台相互支持、互为补充，从而创造了大量惊人的，关于客户喜好、行为和习惯方面的宝贵数据。公司的决策参考了所有这些数据，由此创造了强大的良性学习回路。

忘却是一项有意且受控的实践。它不断促使组织中的每个人去勇敢地拥抱不确定性和未知,而不是一味地寻求安逸,一直墨守成规。并且它也能激励你的员工和你的团队,不断探索和突破,以忘掉过去的成功、取得非凡进步。

第 7 章

忘却与管理

你管理的是事务；你领导的是众人。

——格蕾丝·霍珀

领导者在管理中坚持传统思维和老套方法，诸如命令与控制——告诉员工应该做什么以及具体怎样做，就是依靠其自主设计的控制系统进行微观管理，为其自身服务，同时也限制了整个组织的潜力。这样做不仅扼杀了创新性，还剥夺了其他人工作中的一切创造力、独创性和自由表达。其追随者渐渐地就会成为只关注执行任务的机器人——不会思考、不会质疑、对于自己的工作毫无把握。员工被迫要降低成本，被迫要以更快的速度制造更多产出。他们忘记了自行解决问题是怎么一回事，且由于太过习惯于被掌控，而对于自行思考心有余悸。

这种习得性无助感阻止了员工取得非凡突破——若能有所进步，充其量也是微不足道的，而最坏的情况就是每况愈下，最终导致事与愿违的结果，比如逃避责任，或者是将任何决策都推到上级主管那儿。当没有任何决策是由处于组织边缘的人（也就是掌握信息最丰富、了解最前沿的情况、离客户最近的那些人）做出的时候，那么这个组织慢慢地就停滞不前了。主管和经理们总抱怨为什么大家都没有积极性，而他们手下的人知道，自己能做的唯有听从，再无其他。员工害怕做出错误决策，或因出于这种担忧而不敢做出任何决策；因此，结果就是犹豫不决，最终造成让大家感到无比受挫以及各部门功能失调的结局。

实际上，领导者适当撒手，允许身处局势之中的员工迅速做出决策并对结果负责，这样反而可以获得更大程度的控制。但是，主管和经理们首先必须忘却最为普遍的领导方法，也就是那些奠定于工业革命时代，却一直沿用至今的方法。相反，他们应该基于什么是重要的、为什么它是重要的等问题，给予员工清晰的目标、意图和方向，然后就此收手，闭口不言、侧耳倾听，让组织中最了解情况且具备专业知识的人来解决如何做到它的问题。

领导者必须忘掉固化的、沿袭自工业革命时代的思维模式，重新认识自己，要明白自己并非掌握了（或者需要掌握）所有答案——而他们的员工却能掌握。为了能够取得无限突破，领导者只需要提供意图和方向，然后就让出路来，让面临挑战的员工去寻找与目标最为匹配的方法。领导者的角色就是提供相关信息，包括要达到什么目标、为什么这一目标很重要等，然后创造出一套工作体系，使得员工有明确的目标与路线，能够利用自己所处境况下最佳的条件和尽在掌控之中的行动，达到理想的结果。

你的领导能力就是忘却的障碍

大多数管理者之所以能够被提拔至当前的职位，都得益于他们懂得做什么并拥有及时做到的能力，他们对于任何事都有现成的答案或解决方法，但却并不会帮助其他人去探索答案或方法。事实上，管理者的这类行为得到了各种形式的回报，比如升职、加薪、奖金、公司内部的认可，还有在他们自己的大脑中持续激增的多巴胺。

但是随着职位越来越高，要懂得及时准确地应对各种情况，也就变得越来越困难——需要控制的范围太大，来自整个组织各方面的数据太多，他们仅有的那两到三个屡试不爽的计策就不再好使了。这种非常普遍的情况所导致的最终结果就是"彼得原理"（the Peter Principle）所描述的现象，即管理者升职到再也没有能力继续上升的职位，就开始为保住自己的职位而想尽办法。他们变得既不开心也无效率，还阻碍了其他人的进一步发展。

他们不明白缘由何在，也不知道如何才能干出点成绩，迟迟认识不到自己的缺陷，滞留于诺埃尔·伯奇（Noel Burch）所描述的"无意识不胜任"（unconscious incompetence）状态。[1] 很多人会长期滞留在这种状态，直到他们能够谦虚地认识到自身的缺陷，或者愿意去吸纳新信息并意识到自己的不胜任，进而勇敢地采取行动来忘却，以实现再学习和突破。

但很多人都会错失这个重要而微妙的忘却转折点，没能认识到领导能力就体现在通过帮助员工自行探索答案，一路给予他们指导，使他们获得成功等方面。更糟糕的是，很多人不能忘掉他们过去的成功，总是依赖于建立在自己过去的任务、角色或职责基础之上的态势感知能力来做判断。他们没能认识到曾经对他们有用的体系和方法，如今用在别人身上可能是没用的。无论是人，还是这个世界都已经有了不同的新变化。这就是为什么"忘却循环"是一个有助于忘掉过去、取得非凡进步的有效体系。

能够帮助你忘却自己领导能力的其中一种策略是，改变环境以激发你自己体验和看待世界的新方法。当你这样做时，就摆脱了自己惯常的视角，超越了目光短浅的思维模式，并将自己浸入到新的、充满生产力的环境中。它不同于每年外出参加的创新培训；不同于每季度领导层的聚首研讨，它当然也不同于花一周时间去硅谷参观，梦想着可以探索出拯救公司的方法，结果回到办公桌前却发现还是进行着同样的日常惯例。

与我合作过的那位国际金融机构的首席执行官，专门在日常工作中留出一部分空间用来反思自己及其团队所达到的成果，由此实现了突破。然而要取得这样的突破，首席执行官及其员工就要懂得并且愿意致力于实现忘却自身行为所需的必要条件，再学习新技能、获取新视角，同时也要冲破很多影响他们自身及其组织工作效率的障碍（很巧地，这些障碍通常也是由他们自己设计、拥护和实施的）。这样旷日持久地、忠实并有意地实践新行为，为提升他们自身及其工作体系，达成了共鸣与理解，也创造了更多见解。这样做同时也创造了一种新的领导力，实现了一种新的领导方式。在与国际航空集团的合作中，我们采用了一种更彻底的方法，即让六位领导者脱离自己的日常工作，用八周时间刻意练习忘却。那么你愿意做什么呢？

| 忘却小贴士 |

- 最近一次你真正忘却自己的领导力，是什么时候？
- 是什么促使了它的发生？
- 你是否识别并挖掘出了其中所包含的新信息，且将它作为参考了呢？
- 你如何能发现自己的"无意识不胜任"状态，或者说你如何来实现在行为和见解上所应有的突破？
- 你怎样能使自己更加有意地进行忘却？
- 你可以开始行动的第一小步是什么？

真正的领导能力可以使一个团队、一项新方案或者一家公司处于一个更好的运行状态，不论你决定要应对的状况是什么，重要的是与刚起步时相比，在技术、能力和知识方面，各阶层都拥有了能不断适应发展的新变化，即使是在已经积累了相当丰富的经验之后，也还能保持这样的发展变化。有多少领导者可以诚实地说，自己做到了这一点？管理上的忘却就是再学习领导力，在本章中，我们要讨论为什么这是必要的，以及如何做到它。

传统领导力的问题

设想一下，时光倒流，你被送回到了1918年的一家工厂，而你的工作是领导一组工人，他们的职责是制造多种农场设备所需的汽油内燃机。作为当时的领导者，你一定读了不少弗雷德里克·泰勒（Frederick Taylor）的书，他独具开创性的《科学管理原则》（*The Principle of Scientific Management*）一书出版于1911年。泰勒的原则很快被美国的很多公司应用——从农场到工厂、小公司，再到政府，等等——力图消除工作流程中的无效工作，并利用科学技术使得以产出为衡量标准的生产最大化。

事实上，泰勒的原则，亦称"泰勒制"（Taylorism），预先规定了一个工人被期望表现出的精确步骤，不论他或她被分配了什么样的工作。所以在你想象中的1918年的工厂里，让我们假设，一个工人被分配到的工作是要将内燃机的阀头固定到气缸柱上，这个过程要用到八个六英寸的钢螺钉。按照泰勒的原则，管理者的职责就是要决定完成这项工作所应采取的最高效步骤——第一个动作是从工具箱中拿出一个螺钉，然后将它嵌入阀头顶端的孔中，再用扳手精确地拧十下，将它固定住，接下来，再按此顺序重复上好其余七个螺钉。

作为本部门的管理者，你通过测量整道工序所用时间得知，这就是最高效的步骤，它可以在 45 秒钟之内完成。现在，如果你的工人自认为有办法可以使这个过程更加高效，那将如何呢？你对此根本就充耳不闻，因为你默认此问题已经被解决了（被你和其他有经验的人），所以工人只需要执行已解决的问题。"老实干活吧——你在浪费时间。"你很可能会这样对工人说。而他们确确实实就会照做，否则就得冒丢掉工作的风险。

不幸的是，很多管理者至今仍然生活在由这种传统思维所主导的世界里，在这样的世界里，员工不会受到鼓励去思考新的、可替代的，甚至更创新的问题解决方法，因为管理者已经将其解决了，结果导致员工没有好奇心再追求进步。也就是说，一个工人的职责不是想，而是做。是的，这种领导力行为仍然在 21 世纪大多数的组织当中盛行，仍然受到管理者的传承、效仿和学习。事实上，在大多数组织当中，其管理系统会强化这种行为，且在大多数情况下，遵循这种行为还会得到奖励。国际知名的商业思想家、伦敦商学院的教授加里·哈默尔（Gary Hamel）曾经这样论述："现在的公司有着 21 世纪的业务流程，20 世纪中期的管理流程，但一切都是建立在 19 世纪的管理原则之上的。"[2]

前人的领导行为会被后人效仿，并以此作为必要条件。管理体系上的这些遗风必须被忘却。

尽管命令与控制的方法在 100 年之前可能是管用的，那时很多公司中只有少数几个人是受过教育的，并且人们所从事的工作是重复性的和手动操作的，但很显然，它已经不再适用于我们如今所生活的世界了——当今世界中，易变性、不确定性、复杂性和模糊性充斥于个人生活与工作的方方面面。不论当今的管理者受过何等高级的教育，他都不可能将制造一款产品、运营一个组织，或者完成好各项事务所必需的所有信息都装进大脑。

一个人所知道的，不可能等同于或者超过其所有团队成员所知道的。这是不现实的，靠这种模式来管理的管理者，不仅限制了其本人，也限制了整个团队的发展。

再学习领导能力

多年前，管理学专家彼得·德鲁克（Peter Drucker）介绍了"新工人"的概念，也就是知识员工（knowledge worker）——"运用知识，而不是靠手工技能和体力来工作的人。"[3] 根据德鲁克的观点，对于知识员工，不能（也不应当）像监督和管理过去工厂工人的方式一样来监管。德鲁克说：

你要做出正确的决策，必须要让知识员工知道该做什么，以及你想要什么样的结果。但是不能去监督他。他必须受到自我引导、自我管理和激励。除非让他看到自己的知识和劳动对于整个公司的贡献，否则他是不会行动的。[4]

伟大的领导力既包括清晰明确的决策能力，清楚传达出你所要达成的目的、意图和结果，也包括创造出合理的工作体系，使得员工能够自行找到（通过实验的方法）达成期望结果的最佳路径。尽管这样说好像是反直觉的，但每一位管理者都需要去探索和实现的突破就是忘掉并放弃控制，授权你所领导的员工自我控制、自行决策，那样你才能成为一个更好、更高效的领导者。

领导者的工作就是设计体系，以使得员工能够通过对潜在选项进行实验，以尽可能低的成本和足够的安全感，快速地知晓如何才能达到期望的结果。对于结果的评价，领导者和团队要取得一致意见，特别是在"责任意味着什么"这一问题上要达成共识。

领导者们在考虑工作意图时，就要想到帮助员工自行思考，使其真正去解决问题，这样就能增强整个组织的能力。领导者可以通过多种方式给予员工培训和指导，诸如鼓励员工提问，并就问题可考虑的方面给出建议，还可以创造与易变性、不确定性、复杂性和模糊性等级相关的，或是与团队面临挑战相关的反馈回路。易变性、不确定性、复杂性和模糊性的等级越高，反馈回路就应当越短，这样就能使反馈更迅速，风险也会更低，挑战中可容忍失败的安全性就更高。这样就能激励员工自行做出决策，从心理上为自己的工作负责，并在做的过程中有所学习。

军事命令和控制的神话

在探讨命令和控制的问题时，每当我说领导者要松一松自己手中的缰绳，那样就能增加绩效、达到更好的结果，总会有人插上一句："等会儿——军队是一个高绩效组织，而他们所用的方法正是命令与控制！"

事实上，军队在 19 世纪的拿破仑战争（the Napoleonic War）之后，就废弃了领导者的命令与控制。在那场战争中，拿破仑倡导了机动作战的观念，在机动作战中，他将权力分配给小队士兵，允许士兵在战场上自由行动，依据战况和自己的技能自行做出决策。

拿破仑的军队以这样的作战方式取得了成功，因为拿破仑与他的军队在任务意图和期望结果方面做到了充分沟通。士兵们非常清楚要达到的目的——例如，从敌人手上夺取这座山，而同时他们也有自由决定权来决定如何去完成这一任务，他们可以依据战场实际情况，快速做出反应并实时调整战术。

这种方法来源于当时的实际情况。当军队变得越来越庞大——指挥官相隔数英里——使得部队之间的交流和密切配合变得越来越困难，从而造成潜在的致命结局。授权小队士兵凭自己的力量自由行动，而不是等待上级命令，这就给了他们更大的灵活性，以取得战场上的决定性优势。

这种军事领导方法被普鲁士军队进一步发展，特别是在赫尔穆特·冯·莫尔特克（Helmuth von Moltke）（其很大程度上因"与敌方接触，没什么计划是有用的"这句名言而为人所知）被任命为普鲁士总参谋部首长后。1869年，莫尔特克签署了一项题为"给大兵团指挥官的指导"的指令，指令中陈述了如何在充满不确定性的情况下，领导一个大的团体。莫尔特克解释道："如果指挥官只等待命令，那将永远也开创不出有利局势。最高指挥官和最低等的士兵都必须意识到这样的事实，疏忽大意和缺乏灵活性比诉诸错误的权宜之计更糟糕。"这一哲理逐渐以任务指令而出名。

对于任务指令，领导者只需表述意图——传递命令的目的，连同要取得的关键结果——然后就要信赖身处局势之中的员工，让掌握信息最丰富的人来做如何达成目的的相关决策。

忘却命令、重学控制

当管理者刚开始进行管理相关的忘却并再学习领导力时，我常常会为他们画一个清晰度对比胜任力的模型图（见图7-1），来概括他们需要忘却的传统行为，以及他们期望达到的成果：领导者对于自己的团队可以胜任自行做出好决策是有信心的。图上两个坐标轴中，清晰度指的是为什么要执行这个任务以及对员工来说什么是最重要的，胜任力指的是员工是否有能力来做出任务执行相关的必要决策。

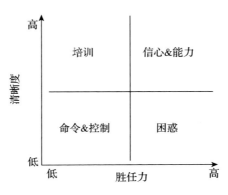

图7-1 清晰度对比胜任力

| 忘却小贴士 |

想想你当前所领导的团队或是你所属的团队：
- 你会将团队中的每一个成员置于哪个位置？或者想象一下团队管理者会将你置于哪个位置？
- 你认为自己应该在哪个位置？
- 你如何能知道自己是否取得了期望的成果？
- 为了达到期望成果，你可以去尝试什么样的小步骤和新行为？

清晰度是领导阶层的责任。拿破仑如何验证自己命令的清晰度呢？在向指挥官下达作战指示的时候，他会叫一位下士来为自己擦皮靴，因为他知道下士会听他们的谈话。[5] 指示完毕后，拿破仑会问下士计划是否听明白了。如果下士回答"是的。"那么他们就会推进这个计划。但是如果下士并没有听明白或者对此有困惑，那么拿破仑和他的参谋就会做出更改，或者制订新的、更加清晰易懂的计划。

胜任力是员工可以逐步建立起来的能力，其方法包括通过培训来获得技能，给予员工所必需的工具，为员工创造失败了也不要紧的实验机会，使他们能随着时间的推移不断练习和改进新行为，等等。

如福格所建议的，要帮助员工开始新行为，例如行使决策权等，就要从小处开始，并且使它容易做到。然后还要对他们进行培训，随着员工的能力逐渐增强，其所承担的责任也要增大。员工的胜任力逐渐增长后，领导者也就更有信心放弃控制了。

应用这一方法最好的一个参考例子，来自已退役的海军上校大卫·马凯特（David Marquet）所写的《你就是艇长：打造"全员领导者"的授权管理与激励日志》（*Turn the Ship Around*）一书。马凯特上校被任命为美国海军舰艇圣达菲号核潜艇（*USS Santa Fe*）的指挥官，那曾是整个海军舰队中表现最差的潜艇。在一次常规演习中，潜艇的核反应堆发生了一个故障，这使马凯特认识到，演习中只有一个指挥点，不仅是导致演习效率不高的根本原因，而且也将全舰成员和舰艇置于危险境地。因此，马凯特发誓，除了对发射能致人死地的武器（舰艇上的导弹和鱼雷）负责，他再也不会下达任何其他命令。我们用基于结果的"忘却声明"来概括就是：

我要用 12 个月时间练习忘却，使决策做得更加合理。

我知道我已经做到了，当：

除发射武器之外，100% 的决策都是由船员做出的。

这意味着要与既定的海军军规相背而行，其中详细规定了什么样的决策是需要指挥官来做出的，包括潜艇何时下潜，何时启动核反应堆，何时关闭核反应堆,何时与岸上力量联络,何时与岸上力量切断联络,等等。

马凯特决定,要向听他指挥的所有人员说明自己的意图——同时反过来也听取他们的想法和意见,而不是只给他们命令和指示。例如,在训练中,马凯特首先会向船长说明,他想要潜艇靠近敌方潜艇准备攻击,但不是直接给出诸如"左满舵,航向255"之类的命令,所以他会问负责军官:"你认为我们应该将潜艇驶到什么位置?"这时候负责军官会给出他自己的意见:"那里。"然后马凯特就给予批准:"很好——开向那里。"

这样做的结果就是,马凯特手下的军官不再一味地等待命令,而是开始请示明确的任务意图。他们开始在决策权方面有了心理归属感,也更有信心在能力范围内直接采取行动,而无须总是先请求准许。

马凯特将决策权转移到了潜艇上具体的负责点和负责人,他们都是距离做出决策所需信息源最近的人。马凯特上校将命令和控制的权力下放到了船上的每一位成员手中,由此产生了不同层级的领导者。但他不是一下子做到这些的。马凯特是往大处着想但却从小处着手的。他将自己做到这些的过程称为领导力阶梯法,从第一级开始直到第七级,直到达到覆盖全体船员的理想结果(见表7-1)。[6]

表7-1 领导力阶梯

层级	工人说	老板说
7	我一直在做……	你一直都在做什么?
6	我做了……	你做了什么?
5	我打算做……	你打算做什么?
4	我想要做……	你想要做什么?
3	我想……	你想到什么?
2	我看到……	你看到什么?说说看。
1	告诉我要做什么。	我会告诉你要做什么。

马凯特用"老板"和"工人"这样的词来表示层级结构。而这些词还可以被替换为"父母"和"孩子",或者"老师"和"学生。"在阶梯的最底部,老板会为工人给出详细的、从任务到任务的工作指令。而在最顶部,工人则自行决定应该做什么,然后再向老板汇报自己所做的。

这个阶梯很好地展示了一对矛盾之间所存在的张力,即员工因缺乏清晰度来做决策的学习焦虑,及其有胜任力来做决策的信心,这两者之间的张力。阶梯中有两栏对话(一栏是工人方、一栏是老板方),领导者可以用此来激发员工,并鼓励他们进行思考,从而提升自己领导力所产生的影响。马凯特对想要使用这个方法的领导者所传达的是:"一起努力,你会在领导力阶梯上晋升。"[7]

随着员工在意图的清晰度和做决策的胜任力方面表现越来越好,领导者关于自身领导力的信心也会不断增长,其与员工之间的激励性对话也就上升到了更高一阶。同样地,员工在自我能力方面的自信,会促使他们以任务意图来指导自己的行动。领导力阶梯也使得授权之类的词语的具体所指变得可被观察和度量,它提供了适当的词语来实践和评估领导者及其团队在领导力阶梯上所处的位置。

在马凯特上校的领导之下,美国海军舰艇圣达菲号成为整个海军舰队中被授予勋章最多的船舰之一——从原本最差的发展到创下了海军历史上运作效率方面的最高纪录。

曾经和我一起合作过的一位主管,就职于硅谷一家知名科技公司,她想解决如何在接下来的六个月中将客户基数增加15%的问题,同时也想使自己的员工拥有更多的自主性和责任感。她已经做到了往大处着想,所以我鼓励她要从小处着手,首先和自己的团队进行讨论,列出三个选项,并说明每一个选项的利弊所在，同时还要结合公司期望达到的成果，找出一个推荐选项，即大家认为最应该被执行的那个选项。领导者要仔细聆听，然后批准进行实验。易变性、不确定性、复杂性和模糊性的等级越高，就越应该鼓励员工进行较小的、较快的、失败了也不要紧的实验，以较短的反馈回路来度量团队达成期望结果的进度如何。

主管的意图在于投资最优选项，以使得客户基数在接下来的六个月中增加15%，同时也使团队的决策能力得到提升，以增加领导者对于团队的信心。当一个团队对于如何来达到预期目标高度不确定时，领导者应当鼓励团队成员走出去，尝试尽可能多的选项，每过几天或几周就进行不同的实验，并通过汇报反馈实验进展。如果一个团队所面临的不确定性较小，那么团队成员可能只需要每两周或是每月做一次反馈汇报，也就是当他们有了重大发现或是需要进一步明确清晰度时。

当团队成员看到领导者"出让"指挥权，并赋予他们控制权，来自行决定进行什么实验、以什么样的频率进行实验以及何时做汇报，等等，他们就有了主人翁的身份，变得更加尽心尽力于自己的工作。领导者及其团队都要从小处着手，要为工作流程设计较短的反馈回路。从反馈结果所得的信心及团结合作的新方法，能加快整个团队的创新速度。通过迅速的实验，将所得新信息用于过程修正、假设验证或是方向更新和高速创新，员工就能学会何时该去寻求新信息，并在相互之间分享所发现的新信息。该主管的团队原本有六个月的时间来做到增加15%的客户基数；他们用了16周的时间便做到了。这就提供了一个很好的例子，证明了从小处着手来处理管理中该忘却的问题，进而再学习的领导方法是有效的。

要达到控制的目的，其决定因素并不在于告诉员工要做什么，而是要通过在工作体系中设计反馈回路，帮助员工度量其所达到的成果，了解其朝目标成果迈进的程度如何，以及他们一路都学到了什么。

对于那些经常告诉员工该做什么以及怎么样做的，拥有命令权并紧握控制权的领导者来说，要引入一个这样的基本行为并不简单。它会令人感到不安和不舒适，并且这种不舒适感会不断说服你回到自己旧的领导方法中。但是如果你坚持，并放弃对员工的控制，也就相当于在领导力阶梯上又向上爬了一小步，这样的每一小步都能助你成就伟大，这也是任何领导者所能获得的最好成果，特别是就等级这一衡量标准来说。

心流域

有很多种方法可以用来建模放弃控制、再学习领导力的过渡过程，但是"动态难度调节"是我所发现的格外有趣的一个方法，它是来自电子游戏开发界的一个概念。在游戏设计师设计一款电子游戏的时候，都会希望玩家能够喜爱它，并且能着迷于游戏体验中。如果一款游戏太过复杂或难度太大，那么玩家就会有挫败感和焦虑感，很快便会放弃它。而如果一款游戏太过简单，那玩家就会觉得没意思，也会很快放弃。理想的结果是，游戏的设计不能太复杂或太困难，不致使玩家想要放弃，但还要足够有趣和富有挑战性，从而避免让玩家感到没意思。

在图 7-2 中，我以心流域（flow zone）来表明这种理想结果，它参考了米哈里·契克森米哈赖（Mihaly Csikszentmihalyi）的心流（flow）概念——"人们极其投入一项活动，以至于忽视其他一切的状态；这种体验是如此快乐,以至于即使花再大代价人们也会继续沉迷其中而不能自拔。""心流域"[8]展示了挑战与能力相平衡的地带,所以"心流"便自然而然地产生了。

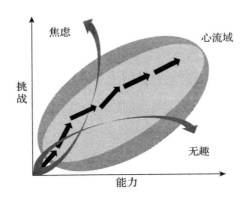

图 7-2 心流域

根据契克森米哈赖的解释,"心流"有八个特征:

- 注意力完全专注于任务。
- 目标明确、心系奖励、即时反馈。
- 时间变换(时间的加速/减慢)。
- 体验本身就是其本质上的奖励。
- 毫不费力、简单轻松。
- 挑战和能力之间达到了平衡。
- 行动与意识相混淆,丧失自主思考能力。
- 有对任务尽在掌握的控制感。[9]

然而,人与人是不同的,有的玩家感觉复杂、困难且受挫的游戏,别的玩家会认为它是简单、容易且没意思的。那样的话,"心流"状态就被破除了，玩家最终还是会放弃游戏。对此，游戏设计师该做什么呢？

他们创造了互动的电子游戏，比如游戏《糖果传奇》（Candy Crush），其中融入了动态难度调节——根据玩家的技术等级，实时调节游戏难度高低等级的系统。从表面上看，这好像是基本常识，但它要求游戏设计师所做的，可能并不是他们所愿意的：失去对玩家如何来打游戏的控制权，将这一关键任务全权交予游戏软件来负责。

可以说，游戏为人们提供了失败了也不要紧的实验机会，可以进行忘却、再学习和突破。这就是为什么军队要进行模拟实战和作战演习，也是为什么游戏玩家会一直不停地将游戏玩下去，以解锁升级自己的技能的原因。

"动态难度调节"的概念也可以应用于领导力情境中。有的人认为某些行为是轻而易举的，但另一些人对同样的行为却感到很困难。对此我们可以再次使用清晰度和胜任力的两轴来做说明——意图的清晰度（以及做决策的自信心）和采取行动的胜任力，主要取决于能力、技术水平和以往的决策经验。这一观点是针对员工日常发展而言的，以便他们能在做决策时感到有信心、有能力，能够自我引导——不再长期处于组织领导者的命令和控制之下。另一方面，领导者也要有信心，其团队要有足够的能力使得决定权从领导者下放到更合适的人身上，使得这一转变成为可能。因此双方都要在心流域中处于合适的位置。

当你开始鼓励员工自行思考、自己做决策的时候，或者当你开始以问答的方式来了解他们是否明白了任务意图（同时也得到员工自身意图的反馈），就说明了你通过忘却和再学习领导力，使自己的信心和能力得到了增长，并在领导力阶梯上向上移动。

当你开始问诸如"你认为我们应当做什么?"这样的问题时,就意味着员工们也开始建立起了心理上的主人翁身份及责任感,因为这个过程就是他们在做决策的过程。员工开始解释自己打算要做的是什么,以及为什么他决定要做这件事——表达自己的意图。你作为一个领导者的工作就是,放弃自己的传统行为,创造出一个能够允许并支持员工自行做出好决策的体系,并保证自己意图传达的清晰度,反过来也设法使员工表达出他们自己的意图。

艾伦·穆拉利(Alan Mulally),曾做过波音商用飞机和福特汽车公司的首席执行官(他曾使一度亏损177亿美元的福特汽车公司扭亏为盈),他用自创的"一起管理体系"(Working Together Management System)来管理这两家公司。在这一体系之下,每周他都会和高层管理人员聚在一起,来复审大家的工作计划,发现其中存在的问题。每次发现一个问题,他就要求管理者找到公司中对此问题相关情况最了解、最有能力来解决该问题的人。穆拉利坚信,领导团队的工作不是去解决每一个问题。相反,他们的工作是要找出问题,然后再找到最有资格去解决问题的人员。

要忘却工业革命时代遗留的管理方法,忘却命令和控制,再学习领导力,并取得突破,领导者就需要启动"忘却循环"体系,来确立相应的方法,慢慢开始不再为员工给出每一项指示,放弃控制和决策权,进入以意图为重的情境。要做到这些,就要对全权负责决策之人的能力有信心。这是我在与领导者一起合作时所遇到的最为重要的问题之一。其中很多人都有这样一种心态和习惯,即认为自己之所以能成为公司的一位领导者或管理者,就是因为他们知道所有的答案——这被认为是胜任力的基础。所以每当有人提出问题时,他们就觉得自己必须得有答案,以此展示出自己的能力，并通过实施控制来维持命令权。

虽然因知道正确答案而激发多巴胺的感觉很好，但它却阻止了你对新选项的探索，也使得其他人失去了思考的必要性，这就造成了致使员工一点也不敢做决策的习得性无助感。更糟糕的情况是，它导致员工不愿再做任何贡献。

作为一名顾问，我所做的事情之一就是帮助领导者退出做决策的事务，转而投身帮助其他人做出好的决策，以使最终决策能够与大家的意图相一致。这是一个微小但却非常强大的转变。若想变得更加有效率、更加成功，并想取得突破和非凡进步，领导者就必须忘却，然后再学习，抓住一切机会进行失败了也不要紧的实验，与员工一起增进信心和能力。

再学习从决策转向信息

有的人认为，是否能成为领导者是天生的，如果你天生就不是一个领导者的话，那么你永远也不会像一个领导者那样好，所以你压根也不应该去尝试做一个领导者。当然，这是很荒谬的想法，它根源于卡罗尔·德韦克所描述的固定型思维模式。世界上有很多种系统，可用来帮助任何人去发掘如何能成为一个好的领导者——甚至是一个伟大的领导者。

这是我做培训时，要教会管理者的前提之一。高效能的领导者和公司都会创造出正确的体系，使得距离信息源最近的员工拥有决定权，因为他们对情况的了解最清楚，也具备技能来判断采取行动的时机是否成熟。将权力转移给合适的人选，就是使员工担负起责任的过程。领导者所要担负的责任在于确保预期结果的清晰度,而不是每个人的行动。

需要注意的是,领导者并不是随随便便就给予员工信任的。领导者和组织通过自己所创造的体系来体现对员工的信任,并且从中获得快速反馈,来获知期望目标是否可能实现、是否存在缺陷、是否需要修正——这样便实现了控制。有创造性且具有层级化的工作体系,能够鼓励员工担负责任,并使他们通过包含快速反馈回路、失败了也不要紧的实验机会,来尽自己的义务做出贡献。这使得领导者在看到相关凭证之后(包括员工有胜任力,员工对于自己做决策的能力和自我控制的能力有自信心)就能废弃命令。这不仅是使得高效能人士能够大放异彩的环境,也正是他们所追寻的工作环境。

有一个很好的例子,是关于亚马逊云科技部"云建筑战略"(Cloud Architecture Strategy)的副主管艾德里安·科克罗夫特(Adrian Cockcroft)的,讲的是他在网飞公司(Netflix)时候的事。艾德里安和一群高管一同参加一个会议,这些高管来自各大银行、零售商等其他机构,他们都抱怨说自己的公司无法像网飞公司那样创新,是因为缺乏网飞公司所拥有的伟大工程师。艾德里安环视会议桌一周,看了看参会公司的名称。他的回答是:"但是我们的工程师就来自于你们的公司! 我们只是创造了一个环境,告诉他们我们想要什么,然后让他们自己想办法去完成它。"

在某些方面,我要求我的客户在管理创新方面做到忘却,就是不再主动做出决策,而是让别人来决策。丰田汽车公司很早就认为,一线员工不只是如同一架没有灵魂的制造机上的齿轮一般;他们也可以是问题的解决者、创新者以及变革推动者。当美国的很多公司都依赖专员提出工作流程改进的时候,丰田公司则给予每个员工相应的技能、工具和许可,来解决遇到的问题，同时想办法阻止新问题的产生。丰田的真正优势在于，利用"普通"员工的才能。事实上，如果你问丰田的主管怎么理解自己的业务，他们不会回答说制造汽车，而是会说我们在培养能制造好汽车的大师。

丰田是在生产车间的装配生产线上悬挂并使用安灯拉绳的先驱者；如今无线的黄色呼叫按钮起着同样的作用。[10]如果出现一个不能迅速而轻易解决掉的严重问题，装配生产线上的工人有权按下黄色的呼叫按钮，它能使整个工厂的装配生产线立刻停下来，同时工作站上方会亮起一个信号灯，准确地指示是哪里出了问题。

每当有员工按下呼叫按钮，管理者会做的第一件事就是立刻到达现场，看看出了什么问题，无论当时他正在干什么，都会停下手边的事情，亲自走到工作站去询问——而不是以主管的姿态，坐在办公室里给工作站打个电话，或是发一封邮件来索要行动和答案。"丰田生产体系"和工作流程中的一个关键元素是，管理者会真正走到出问题的工作站去亲自察看问题。管理者还会感谢员工发现了问题，再连问员工五个问题，针对所出现的故障一起来解决问题。在《丰田套路》（*Toyota Kata*）一书中，迈克·鲁斯（Mike Rother）将这种方法描述为"培训套路"：

1. 目标状况是什么？
2. 现在的实际状况是什么？
3. 你认为阻碍我们达到目标状况的障碍是什么？你现在正在处理哪一项障碍？
4. 你的下一步（下一个实验）是什么？你的期望是什么？
5. 什么时候我们能看到每一步的学习所得？

主管们不会告诉员工如何来处理问题，或者是直接为他们解决问题。相反，他们会和员工一起设计一个实验来改进工作体系。

关键并不在于领导者是否出手解决了问题。关键是要培训员工改进其做工作的能力，增强其胜任力，从而使他们可以更好地解决问题。这样做就迫使员工进行思考，来想出不同的备选项，并对选项进行检验，说明每个选项背后的意图，以及每一个选项的优点和缺点。包括每一个可选项的潜在利益是什么，其潜在的成本或影响是什么。作为领导者，你的任务就是要教会员工来评估不同的备选项，并依据员工的能力将其分配到合适的职位。

领导者要面对的问题是如何能将决策权转移给合适的人选，同时也要有做出授权所必需的足够信心。这一旅程是从小处开始的：通过在工作体系当中设计反馈回路来应对不确定性，然后增进你自己及团队发现问题和解决问题的信心与能力。

亚马逊的领导原则：领导力信心与能力的层级体系

亚马逊云科技（AWS）为自己设立了一个高目标，即要为当今一些最大、最成功的公司提供创新的公共云计算服务。2017年第四季度，亚马逊云科技的收入达到51.1亿美元——实现了44.6%的收入增长率，这使得亚马逊云科技当年的总收入达到了174.6亿美元，占到了亚马逊公司2017年全部收入的约10%。[11]简而言之，亚马逊云科技继续奋进，击退了大量的竞争对手，包括微软和谷歌。

我深信，亚马逊云科技取得成功以及亚马逊公司整体上持续的成功，都是因为其领导方法。这种将其领导体系层级化的方法（其他方面暂且不说）推动了决策权从领导者下放到员工——且已融入亚马逊的领导原则当中。这些原则体现出公司组织层面上的意图，以及公司会如何应对各种状况。亚马逊的每一位员工都被期望要遵守这些原则。它就是员工行为规范的总则。它不仅是针对"领导者"的，因为就其所负责的工作来说，组织当中的每一个人都被认为是一个领导者。下面是一些具体例子（全部原则可以在 amazon.jobs/principles 网页上找到）。

学习并保持好奇

领导者永远都需要学习，并且需要一直设法提升自己。领导者不但要对新的可能性充满好奇，而且要用行动去探索新的可能性。

往大处着想

往小处着想，实质上就是一个自我应验的预言。领导者要创造大胆的目标，并传递相应的指导，能够为达成结果提供启示。领导者需要有不同的想法，并且要四处寻找为客户提供服务的方法。

行动偏见

在商界，速度是很重要的。很多决策和行动是可撤销的，也没有深入研究的必要。领导者要看重对风险承担的计算。

赢得信任

领导者要用心地倾听、坦诚地讲话、恭敬地待人。还要敢于做口头的自我批评,即使这样做会显得尴尬。领导者不要迷信"闻香识人"。领导者给自己和团队所定的基准是向最好的看齐。

有骨气;分歧与表态

当出现不同意见时,领导者有义务恭敬地对决策进行质疑,即使这样做会不舒服或伤脑筋。领导者既是有信念的,也是坚忍不拔的。他们不会为了维持人际关系而做出妥协。一旦一项决策已确定,他们就会全心全意地投入。[12]

亚马逊的这些原则就是创造相应体系的方法,这样的体系使得员工所做出的决策能够与公司价值观及领导层意图保持一致。没有任何规定来约束员工应该或者不应该开发新产品或服务项目。这些原则为员工在不同水平上的思考提供了动态性挑战。

当你着手建设自己的体系的时候,首先要明确伟大领导力的含义是什么,然后要设法使大家都对此负责。这样就能使你的领导力体系层级化,以适用于整个组织——在亚马逊的例子中,是适用于566000人。[13]

伟大的领导力体系是自我领导

如果领导者和团队创造了伟大的体系和行为规范,员工就会不断维护它。而维护这些体系的最好办法之一就是确保你所雇用的员工与你的体系之意图是协同的——解雇那些不协同的员工。如果员工中有人并不看重你的体系所重视的各项内容，那么他或她就不适合做这个体系的成员——也不适合你的组织。

有一个很好的且能说明这一点的例子，即梅奥诊所（the Mayo Clinic）招聘外科医生的流程。梅奥诊所吸引了很多来自美国甚至国际上顶尖的医师和外科大夫，这就为诊所提供了十分优秀的人才资源。能使某位顶尖外科大夫在招聘中脱颖而出的，更多是在于他的行为，而不是他的技术，诊所热切希望招到具有团队合作精神的医师。

为了帮助确定在众多优秀的人才中，哪位医师最适合梅奥的组织文化，负责面试的团队成员都会提出这样一个问题："跟我们说说你做过的最困难的一台手术。"然后他们就会密切关注那位外科医生的反应——数一数他使用"我"和"我们"的次数。如果使用"我"的比率超过"我们"到一定的程度，这位应聘者就不会获得梅奥诊所的职位。这其中包含的信念是，手术是如此复杂和困难的任务，没有谁是可以独立完成的。外科医生都需要一个很好的团队来协助他们。这就是梅奥诊所的体系所重视的观念，与此体系不协同的应聘者就会被拒绝，以保证对体系的维护。

在《原则》（Principles）一书中，投资商兼企业家瑞·达利欧（Ray Dalio）陈述了帮助任何组织找到适合自身文化的六条原则。这些原则的核心基础是，在决策过程中应用对冲基金的量化思维和计算机科学的机器学习原则。适合自身的领导力体系，就是建立在能体现出你自己所重视的原则的清晰度和胜任力基础之上的：

- 信任基本事实和基本的透明度。

- 耕耘有意义的工作和有意义的人际关系。
- 创造一种允许犯错误的文化。
- 争取并保持同步前进。
- 你决策的关键在于可信度。
- 懂得如何超越分歧。[14]

达利欧力争获得决策过程的基本透明度。他会问这样的问题："我怎么样能够创造出一个体系来帮助我验证自己是否是正确的,而不只是妄下论断说自己是对的?"答案就是,利用基本透明度、同事的实时反馈以及算法处理能力来创造一个点子市场,在这个市场中,鼓励所有人发声,讲真话,并将其可信度分级、排序,进而作为集体决策的参考。

举个例子,达利欧有一个会议体系,在这个体系之下,员工可以得到其他参会人员对于自己当场表现的实时反馈。比如,我正在一个会议上谈论领导力,那么就会有人同时在问其他参会者:"从一到十,你认为巴里现在所说的话的可信度是多少?"随后你就会得到每一个参会者的实时反馈。这就是基本透明度,也是一种以数据为参考的、自动化的方法;在你做事的同时,有人会提供反馈、收集数据。

其最终结果就是一个自动化的领导力体系和一种环境,在这样的体系和环境之下,人们可以依据其他人所展示出的信心和能力来做出决策。尽管不一定每个人都会用这个方法,但它展示了为取得更高绩效,你如何能够利用科技的支撑来完善自己的体系。

帮助你的员工在决策方面做得更好,放弃所有的决策都要你亲自来做的方法,你自己也会变得更好。伟大的领导者会提供清晰的意图和所要达到的结果,也会培养员工的胜任力,让他们有信心、有能力自行做出相关决策。对大多数领导者来说，这需要忘却他们自己的领导方法，放弃自己来做一切决策的权力。

我们试图要做到的是，将决策权和相关责任转交给掌握信息最丰富、距离信息源最近的人。很多公司发展缓慢、没有活力的原因，就是员工没有决策权。他们要通过开会，通过行政管理体系上上下下地传递想法。他们穿梭在官僚主义和繁文缛节的丛林之中，就为了在领导者面前拿到一张签署了同意或是否决的纸。不论最后的决定是什么，这个过程都太慢了。员工真正希望领导者来做的是在结果方面沟通好，然后让团队来决定怎样才能更好地实现它。

领导者要懂得放手。你或许认为这一步跨得有点太大——要冒很大风险——但是你可以往大处着想，从小处着手，教会你的团队如何才能做出好的决策。如果感到决策的不确定性很高，那就制订更短、更快的反馈回路，以收集信息，做出相应调整，然后重新再来。以上要点可基本归结为：忘却你的传统领导力行为，再学习不仅能使你成为一个更好的领导者，也能使你的员工成为更好领导者的行为。当你的所有员工都能自我领导，并且在你的组织中形成了层级性的领导体系的时候，你的突破就实现了。

你无法独自完成它，而是要所有人都同舟共济、齐心协力，你可以将自己的领导力分级，以做出更多成果、产生更大影响力，并获得成长。

第 8 章
与客户一起忘却

我喜欢倾听。我从认真倾听当中学习到了很多。
很多人从来都不倾听。

——欧内斯特·海明威

归根结底,在商界我们所做的很多事情都是为了客户。遗憾的是,好像我们将自己的鼻子牢牢地钉在磨石上了,渐渐地我们就忽略了自己的客户,忽略了客户的需求与期望。特别是对于那些默默地、毫无怨言地将钱送到我们的钱包里的客户,更是如此。我们将其视作理所当然的,忘记了要如何来激励他们,使他们变为我们最庞大的粉丝团和我们最强大的营销队伍。

对大多数公司来说,和客户打交道并获取他们的反馈,组成了其产品旅程的最后一步。很多公司花费了大量的时间和金钱来设计、制造和发布新产品与服务项目,而只有到了面向客户的最后一步,他们才有机会问问其客户是怎么想的。遗憾的是,在这个时刻才第一次听取客户的意见,那绝对是最糟糕的做法——这已经太晚了。

我们必须忘却传统上与客户打交道、一起合作、一起创造的方法,然后再学习如何与客户互动、如何利用客户并与其保持联系,以共同探索新发明并取得突破。德国电信公司 T-Mobile 的首席执行官约翰·莱格尔（John Legere）比大多数领导者都更好地认识到了这一点。当莱格尔于 2012 年加入该公司时，他没有只是坐在办公室里，没完没了地听着由员工、市场分析员、研究人员所做的业务陈述。相反，他会自己来做这些工作。他给自己的办公室安装了一条特殊的电话线路，每天花三个小时时间亲自接听客服部的电话，这样他就更好地知道了客户在使用 T-Mobile 的服务时所遇到的障碍、问题和挑战有哪些。莱格尔说："我每天都会接听这个电话，特别是在一开始的时候，它给了我关于客户痛处的重大启示。"[1]

通过这种方法，他创造了一条未经过滤的客户反馈流，以此作为他本人及公司应该忘却和再学习的参考信息，以便能够改进客户体验，创新 T-Mobile 的产品和服务。莱格尔从每天实实在在地使用 T-Mobile 的产品和服务的人们（即知道他们哪里做得好、哪里做得不好的人）那里获得了切实可行的启示。

他还通过使用个人社交媒体（莱格尔目前拥有上百万的推特粉丝）实时获得客户反馈，然后立即采取应对措施。在一次采访中，莱格尔解释道："我经常与我的客户保持即时联络。我可以非常准确地知道事情进行得怎么样——我可以得到很好的反馈。"根据莱格尔所言，他总是亲自回复别人发给他的消息。

很多管理者很少与客户交谈，更别说一个层级较低的员工了。事实上，这样想想都令他们心有余悸。这些管理者宁愿待在办公室里，躲在办公桌后，坚定地相信自己多年的从业经验和自己对于业务的了解程度。他们缺乏"受损"品质、透明度和好奇心，更重要的是，他们不能及时发现自己的策略所带来的真正结果，因为直到最后时刻，他们才愿意去听听自

关键突破
如何实现个人和团队的持续跃迁

己的产品与服务所面向的客户有何反馈。

如果愿意去听，你可以从客户那里学到很多，而如果你想成功，就必须要听。今天的科技可以帮助你即刻获取客户的意见。针对这些意见采取行动，你就能立即从中获益并着手改进工作方法。来自现实当中的反馈是最有效的，由客户所提供的现实反馈远远超过了任何内部权威人士的观点。在本章中，我会进一步深入探讨这一话题，看看有哪些有用的东西可以应用到你自己的组织中。

你如何收集信息以忘却？

征求来自客户的公正反馈并好好利用它，这是你能够拥有的最好机制之一，它可以帮助你重新校正自己看待世界的视角，使你看到自己的无意识不胜任，并检验你自认为真实的东西是否确实为真。那么，为什么很多组织及其经营者在这方面做得那么差呢？

不管你是一家大机构的管理者，还是刚成立一天的新兴公司的创始人，或者是介于这两者之间，你都有责任为自己的公司创造出一种愿景，以及能够达成愿景的战略。你所创造的愿景和战略体现了你认识现实世界的假设，而要实现这一愿景或验证公司的战略，就需要借助你所制造的产品或服务项目。你能收集到的有关这些元素的反馈会帮助你发现取得成功所需要的信息。

所以，如何收集信息——特别是从你的客户那里，收集客户对于产品和服务的体验——就成为你进行"忘却循环"的重要输入，由此你便能知道什么是有用的，什么是没用的。它会帮助你确定，什么是自己需要忘却和再学习的，也能知道你在何时取得了通往非凡进步的突破。

与你的产品或服务的成败休戚相关的是，你在多大程度上能够有效地收集来自客户的反馈信息，以及其他利益相关者的意见。这些反馈也决定了在多大程度上你能很好地忘却产品和服务受限的方面，再学习如何来改进它们，并利用这些启示来实现突破，从而使你的公司取得一往无前的非凡进步。

当今最高效的领导者无不尽心尽力地消除与客户沟通过程中的摩擦，以便能够真实、准确、及时地获取客户反馈，并保证反馈所得的一系列信息与数据是稳定、原始而未经处理的。依据这些来自组织之外的客户信息，领导者可以做出更好的决策。这些反馈无疑是更好的、少有偏见的信息，同时也比来自公司内部的报告和市场分析调查所得的报表更加丰富，后者通常都只是相关人士意见的汇总。这样也使得领导者开放地获取多种有趣的方法，来验证自己的信念，从而忘却、再学习并取得突破，进而在必要的时候调整自己的思维模式和行为。

你知道自己的客户是谁吗？

事实上，公司（以及经营公司的管理者）需要考虑和服务的客户有两种。第一种就是公司之外的传统客户，也就是你所制造的产品或服务所面向的大众客户。当你谈到要在自己的组织当中创建一种文化和操作流程时，就有了第二种客户：你为之设计工作体系和工作流程的员工们。员工也是你的客户，因为日复一日，他们会受到公司领导者所设计和制造的文化及操作流程的影响。这两种客户的反馈你都要吸纳——内部的和外部的——以便了解业务状况进展如何，所输送的产品与服务品质状况如何，以及如何能够在这两方面有所改进。

再学习如何获取信息以忘却

每当我刚开始和一位管理者或领导者合作的时候，我所采取的第一步通常是对照他们所给的报表，回顾其组织中当时正在进行的所有工作举措的清单。我浏览一遍报表，总是会发现其中提出的问题可能只有那么一两个，大多数的举措都进行得很好——至少根据报表上所显示的。这时我就会跟管理者说："我相当肯定，你这很可能是一份'西瓜报告'。"[2] 我这话的意思是，它表面是绿色的，里面是红色的。也就是说，报表报告的是一切都很好，但深入实际，员工自己也知道并非如此。

问题在于信息是经过净化的，通常都是由远离客户、惧怕监管又不得不上报信息给组织的人员或团队对信息进行了过滤和美化。其结果就是，领导者依据欠佳的信息做出了欠妥的决策。导致信息不佳的一个原因就是，员工都害怕分享负面结果——这是心理安全感低、学习焦虑度高的一个重要指标。如戴明所说："只要有惧怕，你就会收到错误的数据。"[3]

处理这些问题和指标就是领导者的责任，如何应对负面结果和批评性反馈是对领导者的重大考验。是将它看作改进的机会呢，还是作为指责相关人员失职的理由呢？你会拥护"韦斯特朗姆文化模型"中的哪一部分呢——病态性的、官僚性的，还是生成性的？

如果领导者根据糟糕的信息做出糟糕的决策，那将会使其（及其所就职的公司）走向可怕的方向。

我经常会问管理者的另一个问题是："你是怎样来征求这些信息的？你们只是通过公司管理层级上下传达的报表来交流吗？"以我的经验，大多数领导者默认的状态是，建立或维持监管的层级，这当中就存在很多信息移交点。这些移交点通常都会导致决策较慢、协作欠佳，还有脱离实际的情况，因为组织内部所真正发生的情况会在传递的信息中有所丢失。

这种情况会产生重大影响。比如我为一家很大的零售商的高管团队做培训时所遇到的情况，这些高管都在大厦的21层上班，那是很多员工都没有到过的地方。那里有保安，需要有专门的钥匙才能使电梯运行到那里，待在那里的人，仅限于执行副总裁以上职位，其他人只有在受到某位高管的邀请或传唤时才能去看看。这些高管彻底将自己隔离了，不仅是与其外部客户相隔离，也与其内部客户，即自己的员工相隔离，当然这也意味着他们与在公司当中流通的一切真实信息是相隔离的。

这就是很多待在办公室象牙塔里的管理者实实在在的现实情况，他们与真正所发生的事实完全失联——不管是组织内部的还是外部的。这样的结果就是会做出糟糕的决策，因为管理者所依据的信息是不充分的、缺失的，或是毫不准确的。这也会导致负面效应传遍整个组织。

作为领导者，我们每个人都必须开始思考忘却，思考如何收集信息以充实自己的想法，并挑战自己的思维模式和行为。若想缩小客户的真实体验与自我认知之间的差距，就必须保持好奇心。

你知道客户真实的想法吗？

很多公司自认为一直都在为客户输送其最想要的产品或服务，但通常他们只是在自欺欺人。贝恩公司（Bain & Company）调查了362家公司，其发现令人吃惊：80%的公司都声称自己输送给客户的是"优越体验"。然而，他们是否真的输送了优越体验呢？向这些公司的客户询问得知，只有8%的人认为是的。大多数公司自认为的产出与他们实际的产出之间都存在巨大差距。缩小这一差距的最好办法就是通过相关机制收集客户的实时反馈，以作为改进产品和服务的参考信息。

这其中真正有趣的还在后面。调查中95%以上的管理团队都深信自己的公司是以客户为中心的。尽管如此，贝恩公司发现，受调查公司中只有50%的团队会根据客户需求来定制产品和服务，只有30%的公司其职能构成方式有利于输送优越的客户体验，同样只有30%的公司与其客户之间保持着有效的反馈回路。[4]

T-Mobile的约翰·莱格尔是一位真正懂得反馈回路效力的首席执行官，他还十分注重直接从公司客户那里获得未经拦截和过滤的信息。较为典型的是，每当有新的首席执行官上任，总是要安排很多的内部会议，大家就会告诉新任首席执行官公司的发展状况如何，包括其所应知道的重要信息。新的首席执行官或许会找几位试用过或正在使用公司产品的客户谈谈，但是他/她可能很少会明白什么样才算是公司客户。

莱格尔发现，获得有用信息的最好方法不是坐在办公室里听听员工向你汇报公司出了什么问题。最好的获取投诉信息的方法就是去问客户，设身处地从客户的角度来想想问题究竟是什么。然后利用这些信息去忘却你对于公司产品和服务的看法，再学习如何来制造。

莱格尔没有止步于此。他还尝试利用科技手段开通其他客户反馈渠道以加速忘却。在《哈佛商业评论》（Harvard Business Review）所载的一篇文章中，莱格尔写道：

> 我的很多上网时间都是在关注客户的想法，而社交媒体很适合干这个。它没有过滤。如果有人投诉 T-Mobile，我就会通过推特将我的电子邮箱地址发给他/她，以保证我们能够继续跟进。[5]

莱格尔给了我们一个很好的例子，即他是怎样将从客户反馈中所获得的启示，用于再学习和取得非凡的突破与进步。他了解到，客户都不喜欢常规手机服务商签订合约的做法，也搞不懂那些难以理解的额外附加费（例如漫游费和移动数据费用）。

对于自己的突破，莱格尔这样说："很显然，本行业的成功之路就是，尽量做出与现行业务的差异化——反其道而行之。这就是我们'无载'（Un-carrier）战略的开端。"

T-Mobile 的"无载 1.0"计划——被命名为"易选"（Simple Choice）——一项无合约服务，包括不限通话、不限短信、每月固定收费 50 美元即享无限制流量等特点。自从 2013 年"无载 1.0"被推出后，T-Mobile 又陆续开发了一系列受客户启发的无载战略，包括"无载 5.0"（供苹果 5S 手机免费使用一周的"测试驱动"），"无载 11.0"（回馈 T-Mobile 客户，包括免费的赛百味三明治、多米诺比萨等），"无载新一代"（收费更加透明等一整套新规则）等。

约翰·莱格尔忘却了他自认为对于手机市场的了解，通过再学习认识到当前市场很大程度上已经变为商品化市场，取得进步的唯一方法就是打探竞争对手的弱点。他还通过再学习认识到，客户喜欢听到来自领导者的权威之言，而不是预设好的回复。

所有这些通过倾听客户反馈所获得的信息不仅为莱格尔带来了突破，也对 T-Mobile 的业绩产生了积极的影响。2018 年 2 月，公司宣布 2017 年净增新用户达 570 万。2017 年公司收入比上年增长 8.3%，达到 406 亿美元，2017 年净收入达 450 亿美元。[6]

T-Mobile 锐意进取的另一个原因是，它完全占领了预付费市场。莱格尔就是通过接听客户电话，注意到了客户对于合约及收费的不满，特别是那些让客户感到困惑不解或表意不明的政策和程序，而实现了这一突破。忘却这些冲突，是莱格尔和 T-Mobile 取得如此非凡进步的原因。

| 忘却小贴士 |

作为一个领导者：
- 你如何收集关于自己愿景、战略、产品与服务的信息，其效果如何呢？
- 你分别为外部客户和内部客户开通了什么样的反馈渠道？其效果如何？
- 你最近一次收集关于产品与服务的信息以获取创新启示是什么时候？在多大程度上，你是有意为之的？
- 你如何能够将收集到的信息作为"忘却循环"的参考，如何通过参考这些信息来忘却限制公司发展的政策、执行方法及战略？

事实就在那儿——你在听吗？

另一个积极寻求客户反馈（并实时做出应对）的管理者是埃隆·马斯

克（Elon Musk），他是特斯拉（Tesla）、美国太空探索技术公司（SpaceX）、"太阳城"公司（Solar City）和"挖掘公司"（The Boring Company）的创始人和首席执行官。虽然关于马斯克回复推特信息的例子有很多，但下面这一个最为典型——也表明了反馈回路可以有多强大。

2016年12月，一位客户在推特上向埃隆·马斯克抱怨："@埃隆·马斯克，圣马特奥市超级充电站（特斯拉车主专用的公共高速充电站）总是挤满白痴，他们的特斯拉在那儿一停就是好几个小时，即使都已经充满了电。"马斯克当天在自己的推特上回复他："你说的没错，这已经是一个大问题了。超级充电站是用来充电的，不是用来停车的。我们会采取措施。"恰好六天之后，特斯拉出台了一项全新政策：

我们设计超级充电站网是为了保证一个无缝链接、令人愉悦的旅程体验。因此，我们非常理解当你到达一个充电站，不料却发现充满了电的特斯拉汽车占满了所有的位置，这会多么令人沮丧。为了给所有的车主创造更好的体验，我们将推出一项面向所有充电站的闲置收费政策，旨在提高超级充电站的使用率……每一辆进入超级充电站的汽车，额外停留时间每超过一分钟将产生0.40美元的闲置费用。[7]

一位首席执行官真正能做到的，没有比这更具响应性的了——利用从社交媒体上得到的客户反馈，在公司的国际运营层面做出一项如此重大而快速的调整。

另一个例子发生在2017年9月，一位潜在的客户向马斯克发送了一条投诉推特："@埃隆·马斯克，我在特斯拉斯坦福店购买某车型时，遇到了极力推销的销售员，真是非常糟糕的体验。"同一天马斯克就回复到："这肯定不行。已经给该店发去提醒，说我们非常期待客户还愿意再来。那才是最重要的。"[8]

客户所遇到的问题类型很少有变化，但是用来收集信息的科技（无论是访谈、电话、社交媒体，还是由亚马逊、脸书以及谷歌等所创造的数据分析平台）一直在变，领导者利用这些科技与真实客户之间建立更快、更紧密的反馈回路，忘却过时的信念和商业战略。那么其结果就是，能够再学习新行为，做到过程修正，在产品与服务品质方面取得更好的突破，并且以全新的、创新的、接近实时的方法提升客户的满意度。

尤为有趣的一点在于，莱格尔和马斯克是如何来介入、面对和解决客户所面临的问题呢？他们认同客户的问题，也认识到自己的产品和服务必须不断创新和改进，并且认同可作为"忘却循环"参考的最好的信息源就来自于客户。所以他们不断收集、积极征求并鼓励客户给予反馈。他们使自己对来自于客户的直接反馈保持"受损"和开放的状态，并在如何回应反馈方面力争做到优秀。反过来，他们所得到的关于自己的产品与服务运行状况的信息是最原始的、未经净化和过滤的。将这些信息作为"忘却循环"的输入，使得他们能够忘掉过去的成功、取得非凡进步。

所有传统的公司运营机制和管理习惯都是行不通的，道理就这么简单。成功的领导者不会只坐在自己的办公桌前发号施令，给自己的员工创造狂风暴雨般的任务——这也是一种需要忘却的习惯。相反，他们采取果断的行动并直面问题。这些领导者在不断地忘却无效的方法，然后再学习如何改进，以取得持续性突破，从而使得自己在竞争中先人一步、加速向前。

事实就在那儿——出去看看

位于纽约肯尼迪机场的 7 号航站楼，是由英国航空公司运营的。这座航站楼建成于 1970 年，并于 1991 年进行了大面积翻新。然而，它的古老还是了然于目，于是英国航空公司决定，是时候为它提供 21 世纪的设施设备了。领导团队也认识到，新一轮的装修可以提供忘却的机会，以转变整个公司的思维模式和行为习惯，在创新方式上实现客户共同参与的革新。

我们将管理者从办公室转移到了一间废弃的候机室，使他们在此策划、制定方案，并找到航站楼的真实客户迅速测试自己的方案。他们可以直接走出候机室，在几秒钟之内就能获取客户对于自己方案的反馈。起初，这对于领导团队的每一个人都是极为不舒服、不习惯和未知的行为。但是他们很快就意识到——要达成所愿，就不能仅仅在嘴上说说忘却的方法；而必须采取实际行动真正做到它。那么，这些领导者发现了什么呢？

新的行为。

新的工作方式。

新的创新方式。

同客户及利益相关者共同参与改进的新方式，有利于产生更多理想的结果，减少不理想的因素。

通过采取行动、应用新举措，团队获得了新的视角，反过来，也转变了自身的思维。不再是在董事会上展示 100 多张的演示文稿，相反，他们创造了技术原型，并以此为基础，提供经过实际验证的方案展示给董事会，产生了能够为更好决策和更好投资作为参考的新见解和新信息，包括要停止生产客户不需要的产品的建议。

这一过程体验，以及迅速将自己的方案在客户身上做测验的行为，对于管理者们来说，就是一种强大的忘却之法，使得他们忘却很多主观想法，包括航站楼实际运行情况如何，以及客户需求被满足情况如何，然后再学习如何去发现客户真正的需求。

看到客户使用公司的原创产品和服务，加上自己亲自做测试，使领导团队取得了加速且叠加的突破。团队通过创造出快捷、廉价的原型技术，并在客户身上做测试，为管理者们创造了重复进行"忘却循环"的"失败了也不要紧"的实验。这样他们就能够逐渐改变自己的思维模式、行为习惯，以及最终改变其产品和服务，以更好地为客户服务。

忘却销售，再学习如何服务

客户总是会遇到关于产品和服务方面的问题，但是他们永远不可能直接告诉生产这些产品与服务的公司老板。如果幸运的话，他们可能会与某位客户服务代表来来回回地交涉。如果不幸的话，那他们就会被卷进公司热线系统的汪洋大海，从一个办公室转接到另一个办公室，直到最后掉进某个无人问津的语音信箱。诸如约翰·莱格尔和埃隆·马斯克这样的首席执行官，正是认识到了这一点，同时他们也展示了公司更好的运营方法。

这是极好的市场营销，因为没有人会去跟客户说："哦，你应该购买我的产品，它好极了。"相反，首席执行官就在电话、推特或短信的另一端，与客户保持联系。而且他们会对客户说："谢谢你的反馈。我们会进行处理。那并不是我们希望的传送自己的产品和服务的方式，也不是我们希望的对待客户的方式。你在帮助我们制造更好的产品，所以再次感谢。"

他们利用科技与客户之间保持有意义的联系，一同参与创造解决方案，并在数天内，针对新信息和新情况对全公司的政策做出调整。他们在忘却自己的产品与服务的运营方式，他们也在再学习（在客户的帮助之下）如何对这些产品和服务做出调整，并在他们输送产品与服务的方式上有所突破。从"忘却循环"的速度方面来看，从某位客户提出问题，到领导者认识到这一问题，再到领导者采取行动，改变体系使公司变得更好，这样做的意义是深远的。

问题总是会出现，但是新举措和新科技可以产生创新的方法来解决它们。当客户提出问题，并发现自己的问题是有人关注的，他们也会明白自己的反馈能够促进产品的改进，因此他们就会更加忠实于这一产品——以及生产该产品的公司。由此，客户就会成为你的大使。他们会成为你所拥有的最好的销售团队。一旦客户积极向自己的家人、朋友和同事推荐你的产品，那么你就会发现，没有任何对手，无论其投资数额多大，能够与你的客户销售团队相匹敌，即使对手像美国电话电报公司（AT&T）一样，每年花 40 亿美元用于在邻国做市场营销。

建立你的体系，与客户一起忘却

当提到要创造一个体系来和客户一起忘却，我会和领导者解决这些重要问题：

- 我是如何来做决策的？
- 我从哪里获取信息？
- 我所获得的信息质量如何？
- 我获取信息的频率和速度如何？
- 我回应信息的频率和速度如何？
- 这些信息在多大程度上，能够帮助我忘却对于公司运营方式的主观认识？
- 我如何能够利用这些信息再学习以做到更好地为客户服务？
- 当我做实验或尝试不同方法时，如何来验证其有效性？验证过程可达到什么样的速度呢？
- 我如何能够创造出一些条件，为我自己带来突破，从而不断改进自己的世界观？
- 我应该怎样调整自己的想法和行为，以改进我的工作方法和世界观？

寻求突破是你的责任

那些在21楼上班，从来也不离开自己办公室的高管，他们关于传统思维模式和行为方式的问题，主要在于他们不和客户谈话。他们永远也不理解公司之外的客户在做什么，更别提自己的内部客户了——公司的员工——以及他们如何能够帮助员工取得成功。今天的软件与科技平台，从根本上改变了我们探索新的有趣灵感、探索新客户的方式。我们也可以利用这些信息作为调整自己行为方式的参考。

关于约翰·莱格尔和埃隆·马斯克的故事，对我来说最为有趣的是，他们利用推特或其他社交媒体平台，创造与客户之间联系紧密的反馈回路以帮助自己进行忘却。你也可以想一想，世界最领先且一往无前的五大公司——亚马逊、脸书、谷歌、微软和苹果——他们所做的就是建立平台，以使得他们能更加深入地理解客户对于自己的产品和服务的态度。以这些平台的数据为依据，他们能够忘却很多对自己来说已经无效的思想和行为，并且利用这些信息进行实验，以帮助他们再学习什么对客户是有用的，什么是没用的。

这意味着他们在不断取得持续性的突破，因为他们建立了平台来捕捉（更快、更经常地、也更准确地）客户是如何使用自己的产品与服务的，以此发现什么是起作用的，什么是不起作用的，以及哪里需要换种做法。这就是为什么相对于其他世界 500 强企业，这五大公司能取得指数级的进步。

同样地，当你将这一原则应用于个人，就会看到像约翰·莱格尔和埃隆·马斯克一样的首席执行官，他们利用现有的科技平台与客户保持直接联系，并利用自己从这些互动当中收集的信息，作为制造和改进产品的参考，结果就产生了实时突破，这就是他们的指数级忘却经历。因为他们使自己处于可接近和"受损"的状态，把自己摆在那里接受挑战，因而制造出了更好的产品，输送出了更好的服务，使得客户为自己做宣传。

一种新型管理者

姿态盛气凌人,永远安居高楼,总是胸有成竹,这类的首席执行官的日子逐渐要走向终结了。信息是免费公开的,认识到这一点的人们才是一往无前的。他们有雄心壮志,但是在达成所愿的细节上又很谦逊,他们处理这些细节的方法是向客户征求反馈,让客户一起参与,以帮助实现自己的愿景。

像约翰·莱格尔和埃隆·马斯克一样的领导者,切断了所有传统的信息收集方法,也就是关于产品和服务使用情况的所有调查、数据和报告,而直接找到信息源。他们缩短了反馈回路,也尽可能经常地、高效地重复进行"忘却循环"。他们的思维模式和行为方式在根本上是与大多数管理者都不相同的。

多年来,领导者都在想尽办法寻求收集信息的创新之路,以便更加有效地管理自己的组织。20 世纪 70 年代,惠普公司(Hewlett-Packard)大力推广了最没有技术含量的"四处转转管理法",它要求管理者要时不时走出自己的办公室,到员工的办公室和工作间去聊一聊、看一看。在产品创新界,硅谷的传奇人物史蒂夫·布兰克(Steve Blank)也谈到了走出办公大楼的重要性。

能解答你问题的答案不在你的办公室里;它在外界,在使用你的产品与服务的客户那里。如果你真的想知道到底出了什么问题,你就要去找源头,而且要愿意倾听。广受欢迎的电视节目"卧底老板"(Undercover

Boss）促使管理者问这样的问题："做一名你自己公司的客户到底感觉怎么样？"然后自己去体验并寻找答案。在这个节目中，管理者会潜伏到自己的公司——例如，做收银员或库房工人的工作——以发现自己的组织到底运行得如何，了解未经粉饰的事实。这使得他们能够亲身体验存在的差距，也能忘却自己对公司运营情况的看法，重新了解真实的情况。

一往无前的人，会有意将自己置于实际情况之中。这样做并不舒服；这使你面临"受损"。但是从中所得启示值得你这样做。你可以利用得到的信息，来打破思维模型、调整工作方法。

你从何获取以及如何回应客户和同事所分享的信息，直接影响到未来他们会分享给你的信息的质量，关乎你发掘突破的可能性。这是你做出更好的产品与服务，取得非凡进步的机会。

雷风电话的传奇

从1999年到2017年，雷·戴维斯（Ray Davis）担任乌姆普夸控股公司（Umpqua Holdings Corporation）的董事长兼首席执行官，公司总部坐落在俄勒冈州的波特兰市，如今他仍在担任公司董事会的执行主席。自任期开始，戴维斯就积极想方设法，力图使乌姆普夸银行走在其他各大银行的前列。

当你到访乌姆普夸蓬勃发展的"商业帝国"中的任何一家支行（公司将其称为"商店"而不是支行）时，定会得到一种完全不同的银行业务体验。乌姆普夸的第一家商店的网站上有这样的描述：

我们有带电脑的咖啡厅，可以免费上网……还有我们自己调制的风味烘焙咖啡。我们将这个新场所称作是一家商店（而不是一个支行），并向社区开放，希望大家可以将它看作是属于自己的一个空间。很快，客户和社区成员都开始在我们的商店里举办活动，如今，你可以在社区附近的乌姆普夸银行里看到，有人举办商业会议，有人开展读书俱乐部，甚至还有人上瑜伽课。

但是还有另外一件事情，使得乌姆普夸的银行商店大大不同于你可能会遇到的其他银行或公司。在每一家商店里，在顾客能够找到的最显眼位置，都有一部直通首席执行官办公室的电话（见图8-1）。当雷在自己的办公桌前时，他会亲自接电话。如果他没在，打电话的人可以留下一条信息，雷会尽可能于当天回复。

图8-1 雷风电话

图片来源：MICAH SOLOMON, MICAHSOLOMON.COM

第8章 与客户一起忘却　145

尽管这一点也不算高科技,这些电话却提供了非常重要的客户反馈——未经层层管理人员的拦截和过滤。虽然雷·戴维斯已不再担任首席执行官,也不会再接听按他的要求设立在乌姆普夸银行商店的那些"雷风电话"(Ray Phones),但他的继任者——首席执行官科特·欧哈弗(Cort O'Haver)——仍然保持这一传统,直到现在也会亲自接听客户电话。

第 9 章

与员工及组织一起忘却

我们开创未来的能力,将不再依赖于能学得多好,而是依赖于能将忘却做得多好。

——艾伦·凯

1986 年 1 月 28 日,"挑战者号"(Challenger)航天飞机发射升空,它是由美国宇航局制造的五架航天飞机中的一架,在这次飞行任务中,它将进行一次进入绕地轨道的短程飞行。而挑战者号在此之前已经有过九次飞行任务——共携带七名宇航员进入近地轨道开展实验、调配、检修卫星并收集科学数据。挑战者号之前的任务也创下了很多第一,包括完成第一次在航天飞行任务中的太空行走、携带第一名美国女性宇航员莎莉·赖德(Sally Ride)进入太空、第一次在夜晚发射航天飞机,等等。

在"挑战者号"的第十次任务中,其发射和着陆,以及两者之间的间隔时间(通常为一周左右)已经成为常规操作,甚至有点无聊。曾经,电视新闻网都会取消其预定节目,来报道"水星号"(Mercury)、"双子星座号"(Gemini)、"阿波罗号"(Apollo)的发射与着陆,这些任务都将人类的知识阈值推向更远,同时也有着不可否认的危险性。然而,在 1981 年完成第一次航天飞机轨道飞行测试之后,美国公众的注意力就转移到了其他地方；当时，除了美国有线电视新闻网初出茅庐的记者有所关注之外，发射和着陆的过程都没有得到实况转播。

因此，发生在那个寒冷冬天早晨的事件，给予美国人民以及世界人民残酷的警醒，当"挑战者号"从佛罗里达州的肯尼迪航天中心发射升空后，在第73秒就发生了爆炸，七名机组成员全部遇难，其中包括受人爱戴的学校老师克丽斯塔·麦考利夫（Christa McAuliffe），这使人们警觉太空航行仍然是十分危险的事业。

如同以往发生毁灭性灾难之后——包括"阿波罗1号"（三名宇航员在起飞前的测试中，死于发射台的火灾事故）和"阿波罗13号"（因所携带的一个氧气罐发生爆炸，而被迫取消登月计划）——美国宇航局都要进行回顾、质询、审计和自我评估。载人航天计划就此暂停，直到所有的问题都有了答案，系统得到了改进，并经过了实践检验才能继续向前推进。但多数有经验的工作人员都将"挑战者号"的灾难当作特殊事件来对待，他们认为这是不会再有重复的天灾。事实上，处在指挥系统较低层级的工程师曾对发射给出过警告，他们报告说环境温度较低，但是上层的管理者并未理会他们的担忧。"挑战者号"的爆炸事件触动了美国人民和美国宇航局员工们的神经，很显然有些事情要有所改变。

突破还是爆破？

从20世纪50年代末到60年代初，美国宇航局在其载人航天计划中取得了一系列举世瞩目的技术突破，"阿波罗11号"机组人员于1969年首次登陆月球堪称巅峰。这些技术上的巨大突破，可以说直接响应了肯尼迪总统于1961年提出的挑战性计划，即要在十年时间里将一名宇航员送到月球上去。成功一个接着一个，从"水星"计划——成功将第一个美国人约翰·格伦（John Glenn）送进了地球轨道，到"双子星座"计划（用一艘更大的载人飞船搭载两名宇航员绕地球飞行），再到"阿波罗"计划（搭载三名宇航员和一个登月舱的登月计划）。

但是，如同任何能够取得伟大成功的复杂体系或计划，在失去效用之前，它都是非常有用的。但是当工作逐渐变为例行常规，大家的警惕放松了，自满得意渐渐涌上来，绩效开始受损了。那就是该提高担忧级别的时候了。

要取得长久的成功，组织以及其中的员工就要经常受到刺激，组织工作体系的功能也要不断改进。简单说，如果体系尚在，则更应该优化它——在它出现问题之前而不是之后。

的确，伴随美国宇航局载人航天计划取得一系列巨大的成功，这个组织也在种下失败的种子，组织当中营造出了虚伪的知识分子优越性和不可渗透的信息之塔。久而久之，这些塔就会变成堡垒，这样便阻止了信息在组织之中的流通。这是美国宇航局所面临的真正问题，它也直接导致造成宇航员丧命的灾难性失败。

一旦你的行动获得成功，并且一直朝着积极的方向前进，就会促使你更有信心去冒更大的风险。正如"哥伦比亚号"（Columbia）的情况，它于2003年1月16日发射。当时项目管理人员发现，耐热性泡沫碎块总是会从航天飞机外部的燃料箱上脱落，但是由于此前从来没有遇到过这些脱落碎块出问题，这也就成为一个知识盲点——大家都以为这是没问题的。

工作人员甚至用"泡沫脱落"这个术语来描述它，这更进一步[如哥伦比亚大学社会学教授黛安·沃恩（Diane Vaughan）所界定的]"异常常规化"⊖了整个航天飞机团队对这一老问题的看法。[1]

就这样，直到发射后第82秒，有一个公文包大小的碎块，重达1.67磅，脱落并击中了"哥伦比亚号"的左翼——刺穿了机体表层并造成内部结构损坏，最终导致航天飞机解体，七名机组成员全部遇难。第二天，美国宇航局回放航天飞机发射的视频录像，录像清楚地显示有一大块泡沫材料击中了机翼。

各种类型的组织都会遭受异常常规化之苦，直到一场灾难警醒所有人。美国宇航局的员工对于出现的异常不予理会，认为一些小失误不会影响组织完成其任务——直到遭遇巨大反击、造成灾难性失败。

在本章中，我会深入探讨与员工及组织一同忘却的话题，会特别关注美国宇航局的个案研究，关注其在寻求突破、建设未来的过程中，从几次重大公共性悲剧事件中吸取的教训。

美国宇航局学习忘却

埃德·霍夫曼博士（Dr. Ed Hoffman），一位在美国宇航局工作了30年的老员工，担任该机构的首席知识官（首位）长达六年时间，直到2016

⊖ 沃恩界定这一过程为，一种明显不安全的惯例逐渐被认为是正常的，如果它没有立即引发一场灾难的话："最终灾难发生前有一个很长的潜伏期，由于早期的预警信号要么被误解了，要么被忽视了，或者根本没被发现。"

年卸任。在这个职位上，埃德所负责的主要工作包括三个方面，其一是建立一个正规、完整且有效的知识管理项目（在美国宇航局项目管理政策的管治之下），其二是建成一个由15名正式任命的知识专家组成的团体，其三是绘制一幅关于服务和产品的知识地图。出于我们共同感兴趣的学习与忘却事业，埃德成为我的一位导师和合作者。

在他就职于该机构的早些年，埃德就懂得了组织层面学习的重要性，但是对美国宇航局来说，转变并不容易。埃德说：

> 我在事业中所要应对的核心问题是：如何能使员工舒心地花时间去忘却，去改变自己的做事方法，去关注适宜的或不同的方法，去突破创新以取得进步。组织所面临的最大挑战就在于如何忘却初始阶段的舒适性。美国宇航局在学习方面做得很好，但是我们通常都需要看到巨大的失败，才会认识到忘却的重要性，而后才能取得进步。

正是以灾难性的失败为代价——2003年"哥伦比亚号"航天飞机的爆炸——才促使美国宇航局开始认真对待忘却，忘却其现行的、机能失调的学习文化。之前的灾难（也包括"阿波罗1号"和"挑战者号"事故）给美国宇航局带来了集体性的震惊，也使大家明白，若要获得不同的结果，就要采取不同的做法。

然而，事实是美国宇航局的很多人都将"挑战者号"的灾难看作是一次再也不会重复发生的特殊事件。他们并不认为需要忘却什么；甚至在美国宇航局内部使用"忘却"这个词都是一个难题。

美国宇航局的关键人物对于忘却持保留态度。他们没能忘掉过去的成功，以取得创新、建设未来。最重要的是，"挑战者号"事故之后，美国宇航局实施了一连串成功的任务，一直沿袭着它一贯的做法。这进一步成为机构中很多人认为"挑战者号"事故只是特殊事件的证据,因此他们认为明智而谨慎的选择就是要维持现状,坚持以往一直有效的做法。

组织层面的转变是组织内全体成员共同转变的结果;它是持续不断进行中的,而不是一蹴而就的。正因为如此,它需要积极主动、适应调整和不断努力。我们必须不断努力忘却那些使我们后退的习惯和想法,然后再学习并运用新的方法,来获得突破、取得非凡进步。等着以故障事件来促进行动,就等于在忘却的实践上及组织的学习体系创新上遭遇双重失败。

学习型组织并不仅仅关系到员工的转变,但很多领导者对此有普遍误解。领导者和员工必须共同转变。要取得组织层面的和系统性的影响,领导者和员工必须一起训练,同步行动。经历了"挑战者号"事故的美国宇航局,显然并没有这样做。

但是在"哥伦比亚号"发生不幸之后,一切都改变了。即使是那些认为"挑战者号"事故是一次天灾的人们,也认识到了美国宇航局的问题是体系的问题,要解决这一问题,组织中的所有人必须共同面对。因此,埃德将美国宇航局在太空方面的问题解决方法,应用到了地面管理方面。他致力于在美国宇航局内部建立起学习体系,为做决策、做研究提供信息参考,他采访组织当中的员工以更好地理解什么行为与成功有关,什么行为会导致失败。他鼓励员工将自己的故事分享给他的知识团队,并彼此相互分享。错误和小故障总是会发生,但是员工并不会公开去谈论。聪明的人都喜欢正确无误——他们太习惯于保持正确。谈论失败不是美国宇航局的文化或行为规范。

基于从组织各个范围及各个层级所收集到的信息,埃德和他的团队建立了一个新的学习体系。这一体系首先给出了胜任力的定义,然后就开始做培训，给予员工实施新行为所需的工具和机会。

"挑战者号"事故之后，美国宇航局一直处于奋力挣扎中，因为领导者发现要忘却过去的成功之法是很困难的。但是最终，他们开始明白他们需要忘却和再学习，以实现他们期望的突破。"哥伦比亚号"事故之后，美国宇航局的领导者接受了培训，放下了权威，他们开始全力推广新体系。当员工向上级领导请示要在做法上进行一些改变时，领导者会告诉他："放手去做吧。"这带来了组织在指导方针方面的发展——由员工自己为自己书写政策，这样便会产生更好的结果，包括下面这两种具体结果。

第一是关于匹配度与执行度的。当以传统的方式起草并发布政策时，人们的自然反应是怀疑、拒绝、要求改变："华盛顿的那些人并不做调查，我的工作他们懂什么？"而当政策、程序及标准是由一群有实际经验的人设定的，那整个对话就转变了。美国宇航局忘却了集权化的政策制定方式，然后通过再学习让有实地工作经验的人来草拟所有的标准和政策，只要它们具有可行性。这对于工作执行度也有帮助，因为员工会主动维护这些标准和政策。为了做到这些，埃德和相关人员确保更广大的群体有沟通和传达信息的渠道。这样制定出来的政策或许不是最理想的，但是其中含有整个知识群体所注入的智慧。

第二种结果涉及学习和胜任力。如果美国宇航局指定某些实际工作者来制定政策，埃德和他的团队就会将他们当作老师，请他们到美国宇航局的研究院来给相关人员做培训，以及做关于胜任力方面的交流。这一点是非常重要的，因为当有受人尊重的实际工作者来教导你时，你就会有很大的提升。例如，美国宇航局过去一直面临轨道碎片方面的重大问题（太空垃圾是非常重大的问题）。埃德不可能找到学术领域的专家来设计相关课程，所以他就和美国宇航局的一位轨道碎片方面的国际专家一起合作，为航天工作人员设计了一门课程。这门课程随后就成为相关政策制定的基础。课程设计的起点在于要了解清楚问题，准备好要展示给美国宇航局的学员们看的学习材料，倾听并收集他们的反馈，忘却课程中无效的东西，然后重新设计更有效的课程。

再学习体系的关键元素

要创造组织层面的持续性转变是相当具有挑战性的，但是就像美国宇航局的例子那样，它是可以做到的，而且还可以做得很好，不过你必须要设计好学习体系。在与客户合作时，为其设计和部署学习体系，是使得整个组织能够做到分级别的可持续性学习与忘却的重点。下面是我开始设计时会用到的小步骤。

- 首先，通过收集数据并广泛采访组织上下不同级别的员工，深入理解这一体系。
- 界定能够促成成功结果的各种能力。
- 设计一个工作体系，使得期望的行为得以发生，并使之以交流、谈话和信息输入的方式贯穿于团体的社交当中。
- 往大处着想但从小处着手。不要试图将所有的新行为一次性部署完毕。确定一个你感到可能会产生最大影响力的新行为，然后从它开始。
- 为一小组员工提供新的工具，并训练他们实施新的行为。

- 为员工创造有意实施新行为的机会，但是要从小处开始，例如相互之间共享信息（无论好坏），并且要使员工尽快体会到实施新行为的成功感，以此减少学习焦虑、增加心理安全感。
- 在整个设计过程中，你所设计的体系须经过要使用它的员工（即它的客户）的验证。一旦你完成并验证了体系的设计，在部署了新的体系后，就要让越来越多的员工来使用它，生成可度量的结果。收集结果所得的信息，再利用它来改进体系，就能使你的体系不断升级。
- 不断激活学习体系，以防止组织层面的自满和少数人才自我优越感的抬头。为员工设计失败了也不要紧的实验机会，以此提醒他们，如何正确面对失败（以激发生存焦虑）。
- 最后，当新的体系已在整个组织中广泛使用时，这个组织以及组织当中的人就会开始认识到什么是需要学习的，而什么是需要忘却的。

在与国际性的组织开展合作时，我经常会提醒领导者，升级你自己的地位是没什么用的；升级你所学到的东西才是有用的。人们容易记住故事，并能从他人的经历中获得启发。因此，一开始的时候，你可以鼓励同辈人、同事还有团队成员，相互分享自己尝试忘却的故事，说说自己在忘却经历中的发现与困难，包括具体行为、方法或思维模式等方面。通过这样较简单的相互学习，你就能有机会利用公司的集体信息和见解。这样不仅能增加集体动能，创造新规范，也能使得你的组织和员工取得非凡进步。

谷歌的亚里士多德计划表明，要创造伟大的团队，关键不在于成员有多聪明、多有经验。相反，主要要看成员在团队中能获得多少心理安全感。² 要创造一个安全的空间使团队成员可以分享错误，相互间可处于"受损"状态，这是高绩效团队的第一指标。错误若可被看作是能用来改进体系的新信息，而不是表明一个人无能的负面信息，它就会成为整个组织的竞争性优势。

为员工创造一种鼓励分享学习所得的文化，减少学习焦虑，也能使整个组织的能力得到增长。员工的心理安全感越高，其所分享信息的质量就越好，那么你的决策质量就会更好，结果的质量也会更好。这就是罗恩·韦斯特朗姆所概括的效能导向型的生成性文化之基础。

那么，美国宇航局的决策者是如何做到忘却"全部经验"，转而变为"向大家学习"的呢？美国宇航局所实施的第一个小步骤，也即新行为，就是让大家分享成功与失败的故事。我与埃德·霍夫曼使用了"优势或灾难的金字塔"模型，来帮助大家理解为什么抓住机会分享自己犯下的错误是一个好的行为。因为这样做可以减少灾难性失败的发生。

作为一个领导者，你的责任就是，通过消减整个组织内部的学习焦虑，确保组织层面的学习能够顺利进行。学习型组织的目的就是帮助大家犯"更好的"错误，而不是犯同样的错误。

埃德·霍夫曼谈到了影响预期任务结果的不确定性分三个层面（见图9-1）：错误，事故和灾难性失败。根据埃德所言，错误指的是发生了与计划不符的事情；事故是指虽然任务或计划没有失败，但是其中某部分的方向错了；而灾难性失败是指事情做得不对，导致产生重大负面性后果。每一种情况都能提供学习的机会，美国宇航局的新体系会训练员工在发生错误的时候主动提出来，并在一个不妄加论断的安全环境中进行讨论，这样就不会使错误变为事故或灾难性失败（见图9-2）。

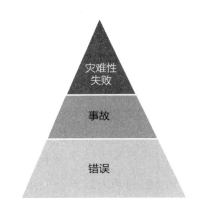
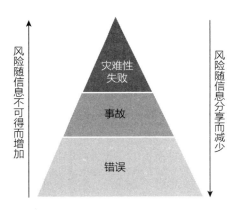

图 9-1　优势或灾难的金字塔（1）　　图 9-2　优势或灾难的金字塔（2）

哈佛商学院的克里斯·阿基里斯（Chris Argyris）教授曾经指出："聪明人往往不会学习……因为他们将太多精力投入到证明自己的无所不知，或是极力避免让人认为自己有所不知。"如果没有安全感，聪明人就会极力避免显露自己的缺点；美国宇航局面临相似的挑战。他们的组织中有很多聪明人，但是他们并没有一个适合聪明人的学习体系，以允许大家分享错误，或是帮助大家进行忘却。所以重点在于，要使员工认识到犯了错误不分享可能会造成的严重后果，然后将分享错误变成一种常规化行为，即让其成为一种学习机会，甚至是一种竞争性优势。

未来的突破需要向过去再学习

如果你是在做真正的创新，那么你永远也不能保证一直都能取得成功的结果。失败是一个固有的潜在因素，因为你一定存在知识盲区。所以你需要建立学习体系，让错误浮出水面，而不给错误以演变为事故或灾难性失败的机会。这就需要在组织中注入一套行为规范，使得员工能够分享错误，然后利用分享所得的信息改进学习体系。要记住心理安全感是高绩效团队的关键指标。

当你真正开始创新，开始建设未来，并勇于直面不确定性时，你就会遇到错综复杂又出乎意料的结果。如果你建立起知识等级机制或堡垒式机制，使得信息不能在公司当中流通，那么组织层面的学习就不会发生。你需要忘却这一方法，去学习信息管理，然后鼓励员工建立一种犯了错误也不要紧的文化，并使得所犯错误（当然也包括成功）贯穿在团体社交中，因为它们正如知识库的源头活水，能帮助你提升整家公司的能力。你要设法使这种行为制度化，这样员工就可以不断地就他们所做的（包括有效的和无效的）工作，相互分享、互相学习、共同提升。你要设法使信息民主化，因为它会成为一种强大的能力和很多前沿知识的源泉，还会成为公司的一种竞争性优势。

忘却异常行为

美国宇航局（以及很多其他组织）要克服的一个大问题，就是我们之前已经讨论过的异常常规化问题。这种情况具体指的是什么呢？对于一个组织或团队来说，能够代表成功的行为表现通常是有预先界定的。而当某种不正确的行为，或者说并不是预期的行为发生，那就是出现了异常，但是由于这种异常并没有导致失败，因而也就渐渐变得常规化了，成了大家日常和习惯中可接受的行为，即使这种行为并不理想。

这种情况的发生，可能源于你太忙，超负荷工作，或是体系内滋生了自鸣得意的情绪。而你没有投入足够多的资源和时间，来对此做出应对。当然你也没有足够的精力去监察日常表现中的每一种异常。于是你扩展了可接受行为的边界，因此也就开始接受并将异常行为常规化了。

"哥伦比亚号"的爆炸，究其原因至少有两个来自于体系方面的问题。第一，美国宇航局的项目负责人忽略了隔热瓦从运载火箭上脱落的问题，致使脱落碎块击中航天飞机表层。这一现象对于航天飞机发射来说是在可接受范围内的，因为在之前的任务中，这些脱落碎块都没有产生任何严重的后果，除了几处压痕。它成了一种被大家默许可接受的常规化的异常。第二，美国宇航局项目负责人太过自信，即使是在常有事故（发射过程中有泡沫脱落）发生的情况下，对于可能发生的灾难性失败仍然视而不见。

异常常规化可能存在于任何类型的组织中，而不仅是像美国宇航局一样的政府机构。例如，异常常规化有很多种形式，特别是在公司员工的行为方面。优步（Uber）及其前任首席执行官特拉维斯·卡兰尼克（Travis Kalanick）就是最好的例子。早在该公司的"毒"文化被曝出的前几年，人们就开始怀疑卡兰尼克的领导能力，他是被迫下台的，但是整家公司内部的人员像着了魔一样，很多人对于卡兰尼克的行为并不理会。有一些组织和领导者自然地就倾向于默认这样的心理："这不会失败的，这不会爆发的。"所以也就导致异常行为成为常规化的和可接受的——直到它给公司带来的影响产生了非常严重的后果。

在此我要以美国宇航局的学习组织在"哥伦比亚号"灾难之后的转变

故事为例,埃德将这个故事称为"双机记"。第一个"机"指的是"哥伦比亚号"航天飞机,第二个"机"指的是"发现者号"(Discovery)航天飞机。这两艘航天飞机都遇到了问题,且处理问题的人员基本相同,但是处理方法却截然不同。"哥伦比亚号"项目负责人在出现问题之后仍然做出了发射的决策,尽管存在泡沫碎块会击中机翼的可能性,其结果是灾难性的失败。"发现者号"的发射是在"哥伦比亚号"事故六年之后。埃德·霍夫曼特意飞到佛罗里达州的肯尼迪航空中心观看发射过程。但是一切都出乎意料。埃德说:

那天晚上我到那里去看了看,一切看上去都挺好。第二天我醒来后,大约六点钟就开始匆忙吃早餐。就在那时,有人告诉我航天飞机可能有点问题。问题出在最后一次测试飞行任务的末尾,虽然航天飞机成功着陆了,但是工作人员却发现了一个小的技术问题,即有一个飞行控制阀操作不正常。但这样的飞行控制阀总共有四个,足够用,所以算不上什么严重问题。最后航天飞机还是安全着陆了。然而工程师搞不明白为什么飞行控制阀的操作会不正常。是操作过程中出了什么问题?还是供应商方面的问题?他们解释不了。

我们又遇到了像"哥伦比亚号"一样的问题。有些事发生了异常。乍看上去这好像算不上什么问题。那么你会做什么呢?

随后关于航天飞机试飞任务的会议参加人数达到200多人,包括高级别领导、机组成员、工程师、安保人员、退休人员——也即全体人员。会上有人提出了飞行控制阀的问题,它关系到发射与否的最终决策。项目负责团队建议发射,他们的理由是:"虽然我们无法解释为什么那个飞行控制阀出了问题,但是我们的飞行是成功的。而且还有其他几个工作正常的飞行控制阀。"航天飞机停在发射台上不发射会耗费巨大成本。不发射的话也会使国际空间站增加风险,因为它在等待着航天飞机带去补给。然而工程师和安保人员坚持认为"发现者号"不应发射,正因为搞不清楚到底出了什么问题,所以首先需要将这个问题解决掉。

在"挑战者号"遇难之后,埃德就曾针对美国宇航局内部成员制订了一个管理计划,该计划后来发展为美国宇航局学院。学院专门负责对员工进行培训,给予他们指导并提供创新所需要的工具,还为他们提供学习机会,以再学习新方法、忘却老方法,同时有意地实施新行为。但是当这些员工回到自己的部门岗位之后,其领导者又会使他们松懈下来,这些领导者都坚持过去的成功之法和行为规范,并且依然将"挑战者号"的灾难看作是特殊事件。

"哥伦比亚号"遇难之后,美国宇航局有了突破,他们认识到,采用新的行为规范需要领导者和员工一起改变——单方面努力不可能取得进步。如果美国宇航局要实现期望中的文化转型,并不断调整组织的学习体系、培训课程,以及个人与集体的行为规范,那么领导者和员工就需要一起忘却、一起再学习,共同取得突破。

"发现者号"原计划于2009年1月发射升空,但是这一日期最终被推后,直到团队解决了飞行控制阀的问题。团队领导者的关注焦点在于获得可接受的风险评估结果,从最接近问题源头的多方人员那里收集有用信息,同时设法处理好组织应对多种问题的张力,包括可用信息、安全保证、预算限度以及焦急等待补给的国际空间站宇航员等相关性问题。

美国宇航局决定要投入实验来解决这个问题,最后创造出一项新的专利技术来完成测试，而不能将航天飞机置于危险之中。这需要花费很多额外的时间和巨大的成本实现创新，来创造一艘更具适应能力的航天飞机，但它可以在未来的测试中节约成本。最终，团队顺利解决了飞行控制阀的问题，并于2009年3月成功发射了"发现者号"。对于延迟发射的决定，埃德这样说：

那是让我感到最为自豪的日子之一，作为美国宇航局的一员，如果我还能算得上对这个组织有什么贡献的话。因为，在那一天，大家是真的在学习。前后两次任务几乎是由同样的工作人员来执行的——"哥伦比亚号"的方向是完全不对的，而"发现者号"任务中的做法及其所具有的动态性，完全有赖于全体成员的学习。如果我们的组织和往后的项目计划都能持续遵循这一方法，那么我们的成功率就会扶摇直上。

埃德的故事清楚地阐明了美国宇航局所取得的突破，一个得到改进的学习体系由此产生，也培养出了在组织层面生效的行为习惯。他们的领导团队所展示的，正是对于异常常规化问题的忘却，然后再学习如何开展跨职能部门间的员工合作，多学科融合的信息收集，以及公开透明的信息共享，同时他们还设法将发射决策中面临的可接受风险张力问题处理妥当。美国宇航局的做法可总结为：

- 将航天飞机飞行控制阀问题公开透明化
- 人人都受决策所辖
- 将注意力集中在真正重要的问题上
- 利用好组织层面的见解
- 人人都应遵守做出的决策

这样做的结果就是，一次事故之后美国宇航局有了更多的成功，航天飞机测试方面有了新的创新，飞行控制阀的问题也得到了解决。由于团队做出暂停发射的决策，花费大量时间与资金来解决问题，从而避免了失败。他们均衡了各类风险，造就了更强大的学习体系，建立了组织整体上更好的行为规范，也制造出了成本更低、更加安全的航天飞机。

忘却自满和骄傲，升级你的突破

每一个组织都面临着可能倒退回其之前状态的风险，很可能会因某些正在袭来的灾难而沦为自满的牺牲品。能够防止这种情况发生的方法之一，就是以激发生存焦虑的方式更新学习体系，以此提醒员工失败确实会发生，特别是在失去警惕的时候。

正如我们所看到的，美国宇航局所遇到的灾难显然不少。那时候每隔三五年不发生一次重大失败，大家的注意力就不会回到对风险的关注上，当自鸣得意的情绪悄悄潜入体系中时，灾难就不远了。要预防这种情绪的产生与蔓延，你就得不断对员工进行训练，得不断反思工作的结果，得在言语间时刻提醒员工，万一发生不幸可能会有怎样严重的后果。你要保持好奇心，以引入新的行为到现行常规中。记住：个人和组织的转变并不是单一事件。它是持续性的，所以我们必须时常激活组织的学习体系，以探索和实施新的、更好的行为。这就是有意练习"忘却循环"的目的。

为了帮助其员工记住这些教训，美国宇航局每年都会举办被称为"纪念日"的活动。在这一特殊的日子里，美国宇航局会停下工作，"反思经验教训，纪念在开创人类先河的探索道路上牺牲生命的同事们"。在2017年的"纪念日"，美国宇航局代理局长罗伯特·莱特福特（Robert Lightfoot）在给员工的讲话中指出，如今美国宇航局大约45%的工作人员都已不再是14年前"哥伦比亚号"遇难时的员工。莱特福特接着说：

> 我们这些经历了灾难并从中恢复过来的人员，如何能够确保我们所吸取的经验教训可以继续传承到接下来的探索旅程中？我能想到的最好办法就是，相互分享我们的故事——不是用幻灯片——而是在私下里面对面的交流中。[3]

在"纪念日"这一天——每年一月的最后一个星期四——在"阿波罗1号""挑战者号"以及"哥伦比亚号"灾难中牺牲的宇航员的家属们，会受邀来讲述自己亲爱的家人的故事，而当时在场的员工也会被鼓励来分享自己的故事，详细讲述事故发生后于当月举行的团体会议的情况，以及会议后如何再次返回飞行任务的故事。罗伯特·莱特福特解释说："或许从那以后，我们每一个团队成员都开始明白，为什么我们要努力创造坦诚讨论的文化，以及要保持好奇和谦虚的文化，特别是当领导者在做出将机组人员送上征程的决策时。"[4]

当今最为成功的一些公司也有着相似的经验教训，虽然他们的决策可能不会像美国宇航局一样具有人命关天的影响力。例如，网飞公司发现，可以有效利用异常行为来改进组织的学习体系，以及产品和服务。公司会举行演习活动，在演习日，部分生产系统会被随机关闭，公司的产品和服务就会受到破坏。这种演练的目的在于，建立一个能够识别和减少失败的体系，并使体系更具韧性，同时也能提升组织工作体系的质量。网飞公司有意破坏公司生产环境中的计算机系统，以创建公司全体员工之间的团结协作网，最终促使他们为客户提供质量更好的服务。

网飞公司团队中没有人会知道，为什么突然间产品和服务就受到了破坏，也不知道这到底是真是假，但是演习已经训练了大家积极合作、相互间共享信息的行为习惯，以此来找出故障原因并进行维修，从而使其工作体系更具韧性。有意破坏公司生产环境中的计算机系统，在网飞公司大家对此已习以为常，以至于公司专门制造了一款叫作"混沌猴子"的软件，用来随机自动引发计算机系统故障，以测试公司体系及团队将如何来应对突然的中断。"混沌猴子"现在已发展为"猴子军团"的更大范围应用工具的一部分，这些工具是专为刺激及测试应对各类系统中的故障、边界问题和中断情况而设计的。除了利用异常行为来改进公司的体系，这些模拟活动还帮助网飞公司的员工持续平稳地推出新的方法和范例，从而持续不断地改进公司的学习体系，以及产品和服务。

忘却不是通过言语来实现的；它是要通过行动来实现的。通过忘却你的行为方式与行动，进而也会改变你观察、体验以及看待世界的方式。看待与体验世界的不同方式反过来也会改变你对于这个世界的想法。人不会因为说一说就能改变自己认知世界的思维模式；人需要通过体验到的改变来相信、见证并感受自己思维模式的转变。

创新，比如创造新的行为规范，同样也需要有适宜的环境来促进它的发展。要有一个受保护的、安全的空间，使人们能够开始忘却旧技能并再学习新技能。安全感的需要来自很多个层面，包括心理上的、身体上的和经济上的。我们需要一个沙箱来进行实验，来测试和发展新的技能与新的思维模式。我们必须设计和创造出一个允许犯错的环境，当然我指的是那种不会导致不可逆破坏的、可补偿的错误。

沙箱所创造的安全感，正是我们为取得创新和成功而走出舒适区所需的。物理沙箱为我们创造了可专注的时间和空间，在其中，我们通过试验和反射的方式建立新行为。经济学上的沙箱实验使我们可以通过进行失败了也不要紧的投资，来再学习并掌握新的技术与能力，在不致毁掉整家企业的情况下应对不确定性。

随着整个组织安全级别的提升，你要检查员工对于团队中所发生的失败情况的反响与回应。员工的反应是如同被打败了一样呢，还是将其视为一种竞争性的优势？这些信息可以用来传输到接下来的工作中。记住，高绩效的生成性文化将事故视为竞争性的优势。

持续忘却的力量

在一家公司中应用"忘却循环"体系，你首先需要忘却的是，确定、设计和实施一个学习体系是一次到位的事情。正如美国宇航局、网飞公司、丰田公司这样的组织所证明的，他们都在持续不断地实施、刺激并演化自己的学习体系（有时候是自己主动来进行的，例如网飞公司的情况），并将其变为组织文化常态的一部分。

丰田生产系统的创始人大野耐一（Taiichi Ohno）说得很好："如果我们不能时常摧毁自己的先入之见，那么我们注定是要失败的。"他明白丰田要成功，就需要员工能够忘却，忘掉过去，每一天都追求创新和强大的进步。丰田公司很清楚，要建设自己的未来，你就要准备好去忘却，根据世界的不断变化，调整应用新的方法。

正如福格的"微小习惯"所教导我们的，应用新行为并没有像人们所以为的那样复杂。再者，它是一个体系。忘却能致使更多的忘却，因而会在你的整个组织中产生涟漪效应和网络效应。你只需要明确该忘却的内容是什么，对此做好有针对性的准备，将新的行为引入到现行常规中。例如美国宇航局在"哥伦比亚号"灾难之后创造了新的学习体系，其领导者和员工都学习并投入到跨职能开展合作的新行为中。他们分享错误和所得教训，并将这些知识用于更好的决策。

仅仅依靠动机带来改变是不行的。你还要设法使它容易做到，不论个人能力如何。你还必须从小处着手，将新行为融入现行常规中去，缓慢而确定地开启这一旅程，以实现用新的方式看待和体验这个世界。这一点可以如此细小和简单，你只需要问问组织当中的其他人，他们最近所犯过的最有帮助的错误是什么以及这一错误是如何帮助其改进工作的。通过在日常细小而习惯性的步骤上的不断重复——根据新发现调整方法——你就能基于所得结果构筑前进与发展的坚实动力。

如何开启"忘却循环"，变身学习型组织

Pivotal 的资深技术总监安德鲁·克莱·谢弗（Andrew Clay Shafer）说出了一句简单的至理名言："你要么将自身建设成一个学习型组织，要么就会输给某个学习型组织。"这一说法在当今世界是非常适用的。有关学

习型组织的观点并不新鲜。如我在第 2 章已经解释过的，它因彼得·圣吉出版于 1990 年的《第五项修炼》一书而得到大力推广。

美国宇航局、网飞公司等其他真正的学习型组织能够取得成功的原因在于，他们拥有一套系统性的方法，能够从组织各处吸收信息，进行整合利用，以此作为创新的基础。他们积极为员工创造机会和安全的环境，使员工在工作中、非正式场合中、模拟演练中以及娱乐中都能学习。

非正式的随机学习，只要你有需求、动机和机会就可以发生。维多利亚·马席克（Victoria Marsick）和玛丽·沃尔普（Marie Volpe）回顾了多项在工作场所所做的非正式学习研究，他们总结非正式学习具有以下特征：

- 它是与日常事务结合在一起的。
- 它是受到内在或外在推力触发的。
- 它不是高度自觉的。
- 它是偶然性的，会受到机遇（某种灵感）的影响。
- 它是一个反思与行动的诱导过程。
- 它是与其他学习相连接的。[5]

那么，一个学习型组织有哪些组成部分呢？你如何判断自己的组织是否是一个学习型组织呢？维多利亚·马席克和凯伦·沃特金斯（Karen Watkins）开发了一个学习型组织的模型，它由七个部分组成，还有一份"学习型组织维度问卷"（DLOQ），可以用来诊断一个组织的目前状态（见表 9–1）。[6]

表9-1 组织学习的七个维度

维度	意义	定义
持续性学习（1）	创造持续的学习机会	将学习融入工作，这样员工就可以从工作中学习；提供持续的受教育和成长机会
质疑与对话（2）	促进质疑与对话	员工拥有高效的推理能力来表达观点，同时具有倾听和质疑他人观点的能力；向支持质疑、反馈和实验的文化转变
团体学习（3）	鼓励合作与团体学习	能够在工作中利用团体优势评估各种不同的思维模式；团队有望一起学习、一起工作；合作是受到重视并能得到奖励的
嵌入式系统（4）	创造多个系统抓住学习机会并共享学习	工作中融入了高科技和非高科技的共享学习系统；提供便捷渠道；维护各个系统
授权（5）	赋予员工集体性的愿景	员工可参与到设置、共享和实施共同的愿景中；责任分配与决策紧密相连，以激励员工为所负责之事而学习
系统联结（6）	使组织联系实际	帮助员工看到自己的工作在整个公司中所具有的功效；员工会从公司环境中获取信息来调整自己的工作实践；组织与其社群相联系
战略性领导力（7）	为学习提供战略性领导力	领导者示范、倡导并支持学习；领导者能够战略性地将学习用于商业目的

关于这个模型尤为有趣的是，所有这些组织学习的组成部分都可以在当今最为成功的公司员工的行动中看到。例如，亚马逊公司有专门设计的各种系统来促进学习，并以此衡量团队表现。在本书中，我们讲到了反

馈、反思、实验等概念,以及将你所学到的多项内容进行整合的方法。实质上,这就是"忘却循环"体系中的第三步突破——这些概念都是联结在一起的。

"学习型组织维度问卷"的初级版本中包含 43 条表述,交叉分布于组织学习的七个维度中,但是后来马席克和沃特金斯将它缩减为 21 个问题。下面是从最新的"学习型组织维度问卷"中摘录的一些表述示例:

- 问题 1:在我的组织中,员工互相帮助。
- 问题 2:在我的组织中,员工花时间学习是受支持的。
- 问题 3:在我的组织中,员工的学习会受到奖励。
- 问题 4:在我的组织中,员工相互之间会给予坦诚公开的反馈。
- 问题 5:在我的组织中,每当有人表达观点的时候,他们也会问问其他人的想法。[7]

我建议你可以和自己的团队一起着手,参考此问卷对自己的组织进行评估。鉴定一下在哪些维度你们还较为落后——或许是"持续性学习"或"授权"方面。选出一个维度进行讨论并做出决策,然后投身于某件你认为团队必须忘却以取得进步的事情。先写出一个相关的"忘却声明",然后设计一个"微小习惯"来忘却它;注意要使它相当细小。想想你能够在一个月之内、一周之内或一天之内做到什么,引入一个新的更好的行为实施起来。

当你完成了"忘却循环"的全过程,设计和建立了组织学习的体系。比如美国宇航局所用的方法,随后就可以训练员工,给他们所需的工具,为他们创造锻炼能力的机会。

升级整个组织的学习体系,并将期望的行为常规化——同时清除异常行为——如同埃德·霍夫曼在美国宇航局所用的方法。使学习体系成为默认状态,而不只是管理系统看似该有的样子。

最后,将你的学习体系制度化。这是一般科技公司所默认的情况。他们都建立了学习平台,来收集数据作为决策参考。正是在这种情况下,你才能从学习型组织中全面受益,也即能够惯常地忘却那些已不再有用的旧习惯,代之以能够使你取得非凡进步的新行为。

第 10 章

忘却的激励机制

> 自然界的铁律就是：拿你该拿的。
>
> ——查理·芒格

我还非常清楚地记得前不久参加一个会议的情景，那是某世界级银行的行政战略团队会议。我受邀就创建高绩效组织所需的必要条件发表自己的看法，特别是关于领导力思维模式和行为习惯方面，同时我还将这些条件与该银行的现行做法做出比较和对照。会议进行了两个小时，但是前 90 多分钟时间都被参会者用于"表演"，比如向大家展示自己的业务进行得有多好，以及自己取得了哪些超常的数字成果——可证明成功的完美记录和正面指标。

然而，情况在会议的最后 30 分钟发生了转变，也就是当参会者开始讨论关乎整个公司的利益话题时——具体来说，是关于银行的目的是什么，未来应该朝哪个方向发展，以及如何能够改进大家共事的方法等。

整个会议室安静了一分钟，然后负责银行最大业务之一的主管说话了。"从本质上来说，"他说，"我们是按照内部相互竞争的公司机制来设计的工作体系，这种设计的副作用就是，我们相互之间不可能共享信息。我们总是在寻找改进个人业绩的机会，而不是共同努力来改进银行整体上的业绩。"

这是没错的。如果银行员工一直保持只为自我利益最大化而努力，那么这支高效能管理团队永远也不可能使整个组织朝着他们所期望的方向迈进。为使整个组织更加成功，这些主管需要停止过去只注重个体成功的做法，开始做一些能在未来为整个银行带来成功的事情。

虽然管理及领导团队很有启发性地认识到并且承认了这一问题，这一点是非常好的；但这同时也让我们看到了关乎他们最终成功的核心问题：能够驱动这些财务主管改变工作方法和个人行为的激励机制是什么呢？

主管们要面对的大问题（和挑战）是，哪些措施能够刺激并使得员工去冒险、去创新，或者去忘却过去曾带给其成功的因素。大多数管理者都面临具体业务指标和财政指标方面的考核评估，如果能够证明自己能超额1%完成指标，那他们肯定就会拿到大额奖励。如果情况是这样（通常正是这样），那么凭什么还会有主管去采取一系列不确定的、有风险的或者未知的行动呢？即使这样做的结果是25%或更高的效力或效率进步。

在这种情况下，你会愿意做什么呢？

今天大多数组织当中的领导者，在面临这种二选一的情况时，是保持一如既往的做事方式，并争取从现行体系中再多挤压出一点点成绩，还是甘冒风险去忘却过去的成功之法，很大程度上是受物质激励导向的。与此相对应的另一现实是，主管之间面临不得不相互竞争的工作压力，这种竞争其实无法促进组织中的合作，这就导致潜在绩效和组织实际产出的绩效之间存在巨大的差距。

我想起了通用电气（General Electric）前首席执行官杰克·韦尔奇（Jack Welch）曾经说过："任何猛劲都会带来短期收益。你挤压、挤压、再挤压，五年之后公司就垮掉了。"¹ 大多数组织中的物质激励都是偏向于短期效益、局部最优化和较好衡量的指标，这些都是与长远成功相悖的做法。在本章中，我会集中关注忘却的激励机制，探索如何将工作重心从只有少数人或少数部门受益的个体输出，转向整个组织受益的体系层面的成果。

激励机制与忘却

如何才能忘掉过去的成功之法，并找到在未来取得非凡进步的方法？员工不断陷入一贯相同的做事之法的原因之一是组织层面的激励机制出了问题。这些激励机制通常在本质上都是财务形式的，包括涨薪和奖金。然而，研究表明，依靠报酬来激励表现，实际上可能会驱动负面行为，并且挫伤员工改进自己工作方法的积极性。²

试想一个首席执行官连同几位主管一起经营一家公司的例子。公司对主管的激励结构设置多数都是基于其绩效。如果股票价格上涨或盈利增加，主管就会得到大额奖金。那么很快，这些主管的心思就会直奔自己的奖金而去，而不会去关心该做些什么来创造出一家出众的公司。

假如你的激励结构是基于报酬的，可以用"如果你这样做，你就会得到那个"来表述，那么你的员工就会自然倾向于只关注等式中"得到那个"的部分。比如说，如果你告诉管理者要是降低了运营成本，他们就可以得到一笔奖金，那么管理者就会一门心思去想办法减掉成本，甚至可能会损害到公司整体上和长远的利益。并且随着"得到那个"的幅度不断增大——比如奖金上涨到了成百上千万美元——那么主管以及其他员工就会不惜一切代价去争取这些奖金。

研究表明，自1991年以来，公司工资总支出中奖金占比有了很大提升。1991年，公司工资总支出的5%用于涨薪，2.9%用于奖金。截至2017年，公司工资总支出的仅2.9%用于涨薪，而用于奖金的比例却占到了12.7%。[3]然而，这些数据还没有将公司高管的奖金问题完全表露出来。根据《财富》杂志上的一篇文章，首席执行官90%的薪酬是由绩效奖金构成的，包含长期激励收入——也就是说，其薪资部分仅占到10%。截至2014年，这些首席执行官奖金支付的中位数达到了710万美元——比上年增长6%。[4]2017年，前100家最大公司首席执行官的薪酬中位数创下了1570万美元的纪录。[5]

赌注这么大，首席执行官们会自然而然地更为关注哪种结果呢？是关注有可能会危及他们奖金的风险性结果呢，还是关注能够稳稳当当保证可以"得到那个"的一贯成功之结果呢？你会做什么选择呢？

当赌注和回报如此之高时，领导者就面临两种选择：我是继续坚持一定能够带来像过去一样结果的做法，继续从体系当中挤压出可以确保我得到奖金的一两个百分点的业绩呢？还是去做一些完全不同于以往，却有可能取得非凡进步的事情（但也有可能是巨大失败）呢？毫无疑问，大多数领导者都会选择坚持一贯做法。的确，这些人所效劳的公司也只能拿到它们可以拿到的。

任何组织在推动创新过程中所遇到的最大阻碍因素之一，就是现行的激励结构。领导者以为自己所创造的激励结构是为了引导公司的创新，但实际上这些激励机制却有着相反的效果。这样的激励结构是一边在全体层面上抽取成本，一边为个体层面提供回报。

是时候忘却个体性的绩效薪酬激励机制了，然后通过再学习创造必要的条件，以激励真正的创新，勇于作为，以可控的方式探索风险性举措，来实现能够取得非凡进步的突破。你要用到的战略不是突然一下子改变了所有的做法，以一种全新的方法来工作。你要往大处着想，但却得从小处着手。从你的工作计划中选择一两项举措，以失败了也不要紧的方式进行实验。就好比下一美元的赌注来实验一种新方法，以此找到一种认可员工及其贡献的新方法，而不是一下子赌上全部资产。当你开始看到这些小实验的效益时，这些证据会鼓励你冒更大的风险和不确定性来采取更加大胆的实验。

当你的努力与结果达到一致时，就会有突破

领导者会遇到的另外一个问题，就是在衡量个体输出时不能将其与全体层面上的结果联系起来，也没有使个体对于集体的贡献凸显出来。领导者必须对全体层面上的结果、目标和任务做出界定，使全体员工都能信任它，清楚地理解它，并为它的实现而积极努力。然后领导者还必须确保个体员工能够看到自己的工作与预期成果是同向的，自己的贡献是能够对全体层面上的结果产生影响的。

领导阶层的责任就是，提供全体层面上结果的清晰度，帮助员工开始行动，并为他们提供持续的支持。很多时候，大多数公司对于要达到什么样的商业目的或完成什么样的任务并不清楚，而其员工也不清楚自己的贡

献是如何与此相关联的。

在网飞公司中，领导集体的重要任务就是要确保每一个人都清楚地理解，在任何一个特定的时间内，整家公司的当务之急是什么。然后他们会鼓励员工以其自认为最有效的方法来完成这些非常清晰的目标，也就是整家公司所努力达到的结果。

在《奈飞文化手册》（*Powerful: Building a Culture of Freedom and Accountability*）一书中，帕蒂·麦考德（Patty McCord）（在网飞公司担任首席人才官）解释说，她有一种立见分晓的检验办法，可以在休息室或电梯里随便拦住任何员工，不管对方是什么级别，然后问他这样的问题："在接下来六个月当中，公司正在努力办到的最为重要的五件大事是什么？"如果该员工不能清晰明白地一口气将其依次说出来，那么帕蒂就会明白，网飞公司的领导集体没有做好自己的工作，而不是那位员工的失职。

如果员工没有理解或不清楚公司的意图，那么他们永远也就不可能朝着它去努力。而如果你不激励员工来实现公司的意图，或以此作为成功的衡量标准，那么员工就会为其他目标的最优化而努力，会去遵循那些他们自认为能够达到的容易衡量的激励机制，但那却未必是实现公司意图所需的。

对于大多数员工工作的评价都是基于对其行动的衡量，而并没有关注其对于全体层面的结果贡献了什么。之所以会出现这种情况，是因为对于个体行动的衡量更加容易。很多公司和管理者经常声称，全体层面的结果太难衡量了，所以他们干脆就不去衡量——或者由于他们在这方面的表达沟通做得不好，以至于没能保证员工的工作是与全体层面的结果同向同步进行的。这样就会造成员工不能全力投入到工作中的结果；他们看不到自己的工作对于整体结果的影响。由于对大家试图要达到的结果是什么并不明晰，所以每个人只是做自己该做的，以保证自己能够完成得到相应报酬所必需的最容易衡量的输出。领导者必须忘却这种做法，不能以仅仅完成容易衡量的任务来代替很难衡量的任务结果。

员工都会因自己能为更大的福祉——为自己的组织、自己的社群，甚至是为整个世界做出贡献而获得巨大的荣誉感。当自己的工作与全体层面的结果之间存在紧密联系的时候，员工的满意度是最高的。而当这种联系比较微弱或根本不存在时，员工的积极性和表现力肯定是要大打折扣的。

| 忘却小贴士 |

当管理者传达自己的衡量指标时，也就是向员工释放出了一个信号，即公司认为什么是重要的，什么是会受到监督的，以此评估员工所应得的报酬。花点时间来思考一下目前你所推行的举措。
- 你所监督的衡量指标是什么？
- 你所监督的指标向团队传达着什么样的信号？
- 这些指标是比较容易衡量的还是比较难以衡量的？
- 这些指标是关于全体层面结果的还是局部层面结果的？
- 你如何来将自己的努力同计划所要达到的全体层面的结果联系起来？
- 如果你改进了所有容易衡量的任务，这会对你在全体层面上的结果产生什么样的影响？

激励技术

所有领导者都要面对的重大挑战之一就是：你如何来激励员工去做你想要他们去做的事情——特别是当这些事情并不是员工愿意去做的时候？

如同你在"行为设计"中看到的,每个人都是不一样的,不同的行为,会以不同的,并且经常是意料之外的方式,激励到不同的人。

很显然,所有的组织都要面对基本脱节和行为匹配的问题。2017年的盖洛普(Gallup)职场状况报告显示,全球85%的员工都处于要么极其不投入(18%),要么不太投入(67%)工作的状态。盖洛普报告中说道:"后一组人群占到了职场中的大多数——他们并不是你最差的员工,但是他们对于你的组织漠不关心。他们为你付出了时间,但是却没有为你贡献他们最好的努力和最好的想法。他们很可能也想着在工作中做出点与众不同的成绩——但是从没有人要求他们全力以赴使组织变得更好。"

所有这些员工对其工作不够投入所导致的结果是什么呢?是庞大的全球高达7万亿美元的生产力损失。[6] 尽管投入度不够并不能解释员工积极性问题的全部(一个人可以是投入的,但是却并不愿意投入,因为他对此并不认同),但是我相信这之间是有联系的。

2016年,麻省理工学院的经济学家本特·霍姆斯特罗姆(Bengt Holmström)与奥利弗·哈特(Oliver Hart)一起获得了诺贝尔经济学奖,因其在合同理论领域的重要贡献,包括对于"委托人与代理人"问题的处理,根据《金融时报》(*Financial Times*),它指的就是"激励一方(代理人)代表另一方(委托人)来行动的问题"。[7] 这一问题在很多不同类型的关系中都存在,包括员工与管理者的关系,首席执行官和股东的关系,患者和医生的关系,等等(见图10-1)。[8]

作为其合同理论中的一部分内容,霍姆斯特罗姆想要研究的是经验,同时观察委托人—代理人关系是如何成形的,最为普遍的激励方法中包含怎样的打算。他的第一个发现是:这种关系形式的推断太过依赖于委托人

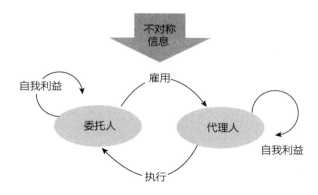

图 10-1 委托人与代理人之间的关系

对代理人绩效的看法。它关心的问题是:"这些绩效在多大程度上能够说明代理人完成了委托人委托其所应做之事?"比如说,假如员工获得了成功的结果,那么他们的管理者就会认为员工通过非常努力的工作达到了预期结果。然而,假如员工没有取得成功的结果,那么管理者就会认为他们不够努力以致没有取得预期结果——他们肯定是没有受到激励,或者是没想着要成功。但事实是很多因素都会影响到结果。假如客户不想要你制造的产品,可能是由于你对客户需求判断有误,也可能是你没有赶上好时机。

员工也不仅仅是在付出努力,他们所做的工作是多维度的,在输出的质量与数量上所花时间的比率,最终也会决定绩效的不同。员工的激励机制如何,很大程度上决定了他们会将努力集中在哪里。

霍姆斯特罗姆警告说,当任务比较复杂的时候,你就不能完全依赖某一种激励机制。如果这样做的话,员工就会集中关注容易衡量的机制,而不是较难衡量的机制,也即你期望要达到的结果。我们必须激励员工去完成较难衡量的任务以产出全体层面期望的结果,而不是激励他们去完成容易衡量的任务。

试图通过与薪酬的挂钩来改进绩效是不会得到期望结果的。它只会导致较差的结果，但这却是大多数组织普遍所用的方法——一种自工业革命时代就存在的方法，那时候管理者都会拿着核查表到处核查工作的产出，为每一位员工的工作打上相应的对勾。今天很多领导者还在坚持这种工业革命时代遗留的情形和思维，这是需要被忘却的。

想一想最近美国富国银行集团（Wells Fargo）的丑闻，其员工伪造了350万个虚假账户却还受到公司奖励。[9] 富国银行在全体层面上的目标成果是达到更高的客户满意度，同时使公司产品和服务的使用率有所提升。针对这一目标成果，比较容易衡量的指标是什么呢？新增开户数量。账户开得越多，客户满意度一定就越高，或者至少富国银行的主管们是这样认为的。

这种举措一开始是成功的；但是，当没有更多的客户来开新账户时，富国银行的员工就伪造虚假客户，还因此而得到公司的奖励。就这样，直到这种做法被曝光在公众面前。

如果你追求局部最优化，基于绩效报酬建立有力的激励机制，只衡量比较容易衡量的行为，那么所有工作的焦点就会转向个体员工的行动，而不是去关注全体层面上的结果。最后就会出现不合心意的后果和异常行为。在富国银行的例子中，公司形成了用奖金（也就是"得到那个"）对应"如果这样做"（增加新账户的数量）这种容易衡量的方法。正是这些奖金导致员工的注意力都集中在了报酬上，结果造成了出乎意料的后果和更大的风险，使公司名誉受损，并受到1.85亿美元的罚款。[10]

霍姆斯特罗姆在他的研究中指出，要忘却委托人—代理人形式的激励机制，再学习一种新的体系，可以考虑下面这些问题。

"如果没有激励机制会怎么样？"若员工对于工作的目标十分清楚，

对于如何使自己的努力付出与达成目标之间保持一致关系也十分清楚，同时也能得到组织对自己努力工作的认可，那么这些就足以促成你所期望的行为发生。

"如果需要一项激励机制会怎么样？"如果需要用激励机制来激励员工更加努力地工作，或防止他们执行令人不满的或非预期的任务，那么一笔小额奖金之类的财务激励会有较大的效果。然而并不是所有激励都必须是财务形式的：你也可以提供个人成长、职业发展、灵活休假等其他形式的非财务奖励。

霍姆斯特罗姆的获奖论文论证了绩效薪酬不但不能解决激励机制的问题，反而其本身正是问题之所在。解决这一问题的首要关键步骤就是，将容易衡量的任务与较难衡量的任务混合使用。

再学习你真正需要的

员工都想获得赏识，而公司其实有很多种办法可以让员工感受到自己是受到赏识的，并以此激励他们好好工作，这可以从工作方案设计开始。明尼苏达矿业及制造公司（3M）就是这方面的一个著名例子，公司鼓励自己的技术人员用15%的时间来追求自己的想法，这是自1947年起施行的一项进步显著的计划。这一实践为公司带来了多种多样的产品创新，包括便利贴。公司可以为员工提供职业发展机会，允许员工在家办公，提供开放时间，等等。

如果激励机制是恰当的，员工就能感到自己是受到赏识的，也会积极投身于自己的工作。如果它并不适当，那么员工就会设法从激励体系中以最少的投入获取最大的报酬。这只会导致对双方都不利的负面后果，也会闹出激励失败的笑话。

几年前，致力于员工敬业度调查研究的公司 TINYpulse 开展了一次调查，有超过 500 家机构的 20 多万名员工参加。调查对象都会被问到这一问题："是什么激励你在工作中付出了超出预期的努力？"调查提供了十个备选答案，调查结果排序如下：

- 友情，同行激励（20%）
- 要做好工作的内在愿望（17%）
- 受到鼓励和认可（13%）
- 受到实在的影响（10%）
- 提升专业技能（8%）
- 满足客户/顾客需求（8%）
- 金钱和利益（7%）
- 积极的监管/上级管理（4%）
- 信任公司/产品（4%）
- 其他（9%）[11]

你可以看到，金钱和利益是排在同行激励、受到鼓励和认可、受到实在影响以及专业提升之后的。

第一资本金融公司的人才与激励机制改革

德鲁·菲尔门特（Drew Firment）是第一资本金融公司（Capital

One）的云工程前技术总监，现任云大师（A Cloud Guru）的执行合伙人。在第一资本金融公司任职期间，德鲁与公司每一个商业部门的主管和团队都合作过——包括信用卡、零售和商业银行业务——关于云的应用和人才制度改革。德鲁从中直接体会到了激励机制的强大力量——要创造出认可员工努力成果的方式，鼓励他们更加努力工作。

第一资本金融公司想取得一系列全体层面上的成果，包括更快捷的服务、更低的运营成本，以及更多的产品创新。公司认识到，要实现这些成果，最好的办法就是利用云技术。这对于公司创始人兼首席执行官理查德·费尔班克（Richard Fairbank）来说是战略重点。理查德说："我们越来越重视云计算及其应用，这样随着时间的推移，我们的产品开发就会越来越快，效率也会越来越高。"

在云技术应用计划的执行方面，公司所采取的策略是，在保证优良的架构、安全及成本效益的基础上，尽可能快地将公司运行体系从本地数据中心转变为公共云平台。

要实现这样的转变，还需要将公司的整体策略转化为细分的目标，然后将它们与各部门的计划相匹配，最终驱动个体员工采取正确的行动和行为。至关重要的一点是，使各方在涉及"为什么这是重要的？"和"我的机会是什么？"这样的问题时，树立起一致的意图，形成共同的答案。

任何组织如果想要取得突破，首先就必须确定公司在全体层面上试图达到的目标。然后还必须清楚地将它传达下去，确保员工对此是完全理解的，且这一目标必须也是可衡量的（即使它是比较难衡量的）。使员工个人层面的努力与公司全体层面上试图达到的目标联系起来，同时也要证明员工是在对目标达成做出贡献，这是至关重要的。在采用新行为方面同样如此。

德鲁指出，第一资本金融公司中大多数人都是野心勃勃的 A 型人格，而公司的文化也不断驱动员工成为高效率和高成就人士。但是像大多数公司一样，其绩效管理体系是一个弱点。与报酬紧密相关的年度审核流程，使得个体员工只能在短期内受到激励。德鲁说：

虽然我们团队的目标是长远的，是要达到较难衡量的、全体层面上的成果，但在绩效管理体系内，我们的员工普遍受到产出成果的激励。如果你将报酬与短期目标联结起来，那么你就只能产出短期成果。

德鲁很清楚，只关注短期的、容易衡量的行动，就不会产生第一资本的首席执行官所确定的长期的、全体层面上的成果——提升向客户输出产品的速度和效率。因此第一资本必须转变策略，开启云平台的使用，由此产生另一套成果——改进速度、质量，同时注意相关的人才制度改革，以充实第一资本的创新力量。

再学习成功的定义

在一次重要的领导集体会议上，德鲁受到了行动启发。仅凭一套抽象的成熟模型来衡量组织层面的绩效和云技术的应用情况是行不通的。相反，领导团队对于怎样算成功要有具体而清晰的定义——基于第一资本首席信息官所设置的三个关键成果——然后利用云平台的审计跟踪技术对此做出衡量。即使这种衡量比较难做到，也要使之与全体层面上的成功联系起来。这种方法或许并不是完美的，但是它使大家对于目标是什么达成了共识，也使大家对于完成目标任务的程度如何心中有数。根据德鲁所言，最好的体系能够提供：

非常清晰的目标，根据实时数据和实际走向弄清楚目前的状况。你要提供可视化的仪表工具，使得个体员工及团队能够对照自评，看看他们是处于正轨，还是需要做些调整。这有助于将个人努力与整个组织的目标成果联系起来。

德鲁深信重新建构成功的衡量方法会为第一资本带来必要的突破。过去采用抽象成熟模型的做法需要被忘却，集团需要再学习，要将所有人的注意力转向具体清晰的目标，要关注较难衡量的、全体层面上的成果，以取得大家所期望的非凡进步。德鲁和一位软件开发人员一起合作，创造了"云量表"（Cloudometer）（见图10-2）。通过这个体系可以测量一些关键的指标（包括速度、质量，还有云转化的成本）和个人才能的转化。

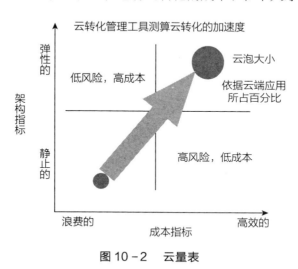

图10-2　云量表

接下来就要面对更困难的一部分内容：解决如何激励的问题，包括激励什么人，为什么要激励，以什么条件来激励，以及激励的程度如何。

有些方法是有用的，而另一些是没有用的。

在等式"有用的"一边，德鲁认识到，要实现公司的战略性目标，大范围地转化利用云计算技能是必不可少的。在每个人的职业发展道路上，为其提供一张非常珍贵的、受行业认可的云证书，不仅可以形成很好的职业技能提升激励机制，同时也能促使员工掌握达到本部门目标所需要的技能。还记得福格创造新行为的策略吗？给予员工培训、工具和资源，或者使得引入常规的新行为真正容易做到。然后尽可能快地让员工体会到实施新行为所带来的成功感。

德鲁还创造出了"声誉云"（Cloud of Fame），在它上面向大家公开展示获得云证书的员工名字。这就像是一块荣誉勋章——他们知道这标志着自己的贡献受到了公司的认可和赏识——同时它也使个人职业发展过程更加有趣，营造了健康的公司竞争环境。此外，一旦员工获得云证书，德鲁就会给他或她的经理发去一封邮件，而这位经理又会给自己的经理发去邮件，然后那位经理再给上面的经理发邮件——往上三个层级。每个人学习云计算的努力都会受到强烈重视，这样就产生了积极的同行压力，促使其他人都加入进来，并做出贡献。

等级证书实质上是一种彰显虚荣性的衡量标准，区分等级也是一个极易做到的衡量标准，它为获知团队能力水平创造了一个显而易见的信息指向，也提供了判断员工为获取必要技能而参加培训占比的主要指标。将较易衡量的个人能力水平的增长与较难衡量的，但是通过云量表可视化了的，反映公司全体层面上成效改进的关键绩效指标进行关联，可以更明显地体现出支持员工个人职业发展道路的价值所在。因为员工获得云证书，其个人成就得到看得见的认可对于整家公司的成功也是十分重要的。在员工为实现公司全体层面的大目标而努力工作的过程中，要使他们的每一项小成绩（或是小进步）都能获得相应的认可和重视。

在等式"没用的"一边，主要是少数支持沿用成熟模型的部门，他们坚定不移的文化太强大、太难受到影响。这些部门经理坚持对其员工实行局部化的现行衡量标准毫不动摇。这一僵化的中间管理层，如同一道强大的屏障，挡在其部门职员面前，使其避免受到任何干扰性策略而始终维持现状。员工会视其经理的奖赏而行动。如果经理奖赏的是产出，那么员工就会制造大量的产出。如果经理奖赏的是员工对公司全体层面上所取得成果的贡献，那么员工就会将注意力集中在此。记住：你所传达给团队的关键绩效指标——你使之可视化并且明示要在员工身上所关注的东西——将会决定你所看到的行为。

这些部门中的大多数人员，也意识到了云计算转化所提供的机会。即便如此，他们还是不可避免地会依据手握他们年终评级和工资奖金大权之人所重视的指标，以及能够受到奖励的行为标准去努力，而并不是依据银行层面的成功去行动。

安全与透明

德鲁认识到，必须将组织整体层面的激励机制与第一资本所期望达到的成果联结起来，并且他的主要工作就是在努力做到这一点。第一资本是一家受指标驱动的公司，公司用关键绩效指标来加强团队层面的行动与组织目标的协调一致。但是最终的成功取决于推动所有部门，从使用容易衡量的指标转变为混合使用容易衡量与较难衡量指标的双重标准，从关注虚荣性指标转变为关注实实在在的行动指标，从异想天开转变为关注铁的事实。然而透明度是一把双刃剑，德鲁说：

> 据我的经验，转变的初期阶段总是进行得较慢，其潜在的原因主要是组织内部环境中和员工的意愿上存在偏见。很多公司推行"敏捷"的初期阶段是一个很好的例子——很多团队并没有实现真正的敏捷，而只是以背诵宣言的方式推行一种毫无意义的仪式。只有当整个组织从关注无效的虚荣性指标（例如，描述点的数量或任务完成额）转变为关注基于成果的指标（例如，增加客户满意度的百分比或减少产品上市所需时间），真正的转化才得以实现。

与推行敏捷观念的情况相似，云转化一开始是比较慢的，但这一点会被团队中部分响应号召的先锋人士的积极热情所掩盖。在云量表中建立一整套明显可见的关键绩效指标，就能够清楚地看到转化实施情况较慢的速率。基于成果的衡量方法是非常重要的，因为它能够更好地激发出将全体层面的激励机制与目标成果匹配起来的迫切要求。使基于成果的衡量指标明显可见对于很多部门来说是极为不适的，因为这暴露出了他们的能力与执行之间存在的差距。在激励机制基于某种分布曲线的企业文化中，这方面的信息可能会在个人或团队绩效的年终评比盘点中被滥用到私人利益的获取上。

如果为了改进体系而共享负面信息是不安全的，那么员工就不愿去冒这个被曝光的风险。员工只愿意共享正面信息——那些不会给他们带来麻烦的信息——或者为了得到奖金而赌上一把。其结果就是,改进是建立在质量较差的信息基础之上的,因而这个体系永远也不会真正变得更好。这是多么讽刺。德鲁很是幸运,与他共事的领导者都能向他提供毫无遮蔽的正确信息,同时又使员工有心理上的安全感,也就是说,在暴露了差距的同时也使差距问题得到解决——利用负面信息获得积极效果。这对于成功来说至关重要。

实现突破,创造出积极而出乎意料的成果

当个人行动与可视化的全体层面目标成果相关联时,在第一资本金融公司内部出现了一种学习社团的新行为。员工们开始以团结协作的小组形式一起学习云计算,这是团体领导者促进大家共同进步的好机会,也能够帮助同行们完成个人职业道路上的转变。

不像过去的技术都有较长的使用期,云计算的发展演变非常迅速,亚马逊云科技服务平台不断在发布新功能。老旧的训练方法(比如培训师主导的训练)是无法升级的,或者无法与时俱进。组织需要忘却如何学习,并转变为持续性学习的范式,也就是依靠自主自律的、强大的学习团体的学习范式——就像埃德·霍夫曼在美国宇航局所做到的一样。

第一资本金融公司鼓励员工从获取亚马逊云科技的证书开始,不断建立自己的云计算知识体系。他们不支持固定不变的思维模式,比如"很好,你已经拿到了证书。你成功了。"他们倡导生长型的思维模式,比如

"不错的成绩！你怎么样能够用上它，同时也帮到别人呢？"他们鼓励员工要使自己和团队都变得更好，那样的表现才会受到公司的认可，而不仅仅是完成了某一项具体的任务或得到一个证书。

作为一家公司，第一资本也认识到，要创新自己的科技体系，就需要人才的转变。"技术能力的巨大转变是我们公司势在必行的战略。这意味着要从一家与科技有关的公司，或者说一家科技产品商店，转变为一家真正的技术主导型公司。完成这一转变最困难的部分确实是在于人才的转变。"第一资本的首席信息官罗伯·亚历山大（Rob Alexander）如是说。

忘却你的组织中的激励机制

在设计激励机制的时候，要记得查理·芒格的话："你奖励什么，你就会得到什么。"确定你期望中公司全体层面上应达到的目标成果，然后向员工传达清晰可见的信号，说明你期望看到的行为。如果你改变了关键绩效指标，那就会对员工的行为产生影响。财务激励可能会是有效的——很多非财务激励也同样有效。如果你决定要走财务激励的道路，那么就记住小额奖金会有更大的效果。

依我之见，个体激励机制存在的问题，正如本章开头提到的那家大银行所面临的，就是它会使组织中产生很多消极竞争，这就导致员工之间总是企图要绊倒彼此。虽然这样的体系对个人有点好处，但是从长远来看整个组织是深受其害的，因为员工只在为自己利益的最大化而努力，却很少会努力将公司的目标最大化。

银行的执行领导团队认识到了忘却的必要性，所以我与他们一起重新认识了其对于成功的定义，将个人的行动转变为全体层面所共享的成果。我们将容易衡量的与较难衡量的关键绩效指标混合起来，这样员工就能清楚明白地将自己的努力与对于团队的贡献匹配起来，各部门相互协作，为整个组织带来较大回报。

要完成全体层面的目标成果，就需要创造一个让员工具有心理安全感的工作环境。相关信息被如何使用的透明度对于创造出这样的工作环境至关重要，对于实现整个组织最终的成功也非常重要。

第一资本的"卓越云中心"（CCoE）设计了并运行着一大批人才转变计划，大大提高了整个组织的云流畅度。公司中超过15%（仍在计数中）的技术小组成员获得了亚马逊云科技的证书，使得组织超越了临界点，在转为新的运营模式的过程中，实现了可持续性过渡。衡量成功的一个重要方法就是，追踪亚马逊云科技证书的数量，并将其带来的影响与技术转移相关联，利用云量表管理工具来测算、展示其对于实现全体层面上的目标所起到的作用如何（见图10-3）。

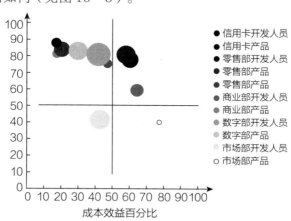

图10-3 云量表全体层面上的成果

如今，作为美国第十大银行，第一资本金融公司是全美国大型银行中，虚拟化基础设施所占百分比最高的，这些虚拟基础设施全部储存在云端。他们实现了惊人的转变，德鲁以一种大规模交叉运用战略、工程和教育的创新方法，帮助并驱动了公司的人才转化。

第 11 章

商业与产品创新中的忘却

我不理解为什么人们会惧怕新观念。我惧怕旧观念。

——约翰·凯奇

谈到商业与产品创新中的忘却,我们同样需要设置一些约束条件,以此促使自己在想和做两个层面发生转变。英国国家医疗服务体系中的国民卫生服务信息战略(NPfIT),是历史上耗费成本最高的废弃软件工程,到 2011 年被废弃前,共花费 124 亿欧元(其原始预算为 23 亿欧元)。议会议员将其描述为有史以来"最糟糕最昂贵的合约惨败"。(事实上,有些官员声称从其 2002 年启动以来到最后,共花费了高达 200 亿欧元。)

这一国民卫生服务信息战略,本来是打算实现英国医疗卫生服务制度的转型,实现患者病历的数字化,实现 3 万名全科医生与 300 家医院的互联互通,同时为专业卫生技术人员提供使用这些病历的安全畅通的渠道。这一计划从一开始就遇到各种各样的问题。国民卫生服务信息战略的愿景很宏大,预算也很庞大。由于他们设想宏大,投入巨大,因而也使得其失败变得难以承受。大批的供应商,包括埃森哲咨询公司(Accenture)、日本富士通公司(Fujitsu)、英国电信公司(British Telecom)和美国计算机科学公司（CSC），共同签约来推行这一计划，但是当挑战袭来时，这些公司不是设法团结协作来克服困难，而是互相指责。一些供应商最后终止了合约，并因退出计划而面临支付大量罚款。然而，这些罚款几乎没有人支付。

面对如此消极的运营结果，一个30人的小组采取了另外一种省时又省钱的替换方法。他们忘却了很多大家都习以为常的行为和想法，为一种完全不同的，能够取得非凡进步成果的做法开了头。他们往大处着想但却从小处着手，对未来几年里政府部门将要实施的信息科技计划产生了体系性的、持久的影响。

通往这种成果的道路并不轻松。这一团队不仅要忘却很多普遍的行为、治理流程以及被认为既能降低风险又能提供可预测性的方法，他们还必须帮助英国政府及其公务员忘却过时了的信息与行为，然后再学习新的反直觉的创新方法。然而那正是他们所做的。他们在人类社会最具官僚化、规约最多的环境中，也即政府机构中，取得了许多突破和非凡进步。

这无论怎么说都不简单。然而在安德鲁·梅耶（Andrew Meyer）的领导下，这支小团队证明了，"忘却循环"体系可以在最为艰难的领域发挥作用；事实上，这在他们身上表现得非常出色。

重筑国之脊柱

"国之脊柱"（the National Spine）——英国国家医疗服务体系的电子脊柱——是一项信息科技基础设施服务，它是从漏洞百出的国民卫生服务信息战略部分内容中发展而来的，它是为全英国国家医疗服务体系所属机构的利益而运作的。它联结了分布于 20500 家医疗机构的超过 23000 套医疗保健信息系统，[1] 它将从医师到管理员，到记录者，到研究者，以及患者本身在内的每一个人都联系了起来。这一体系主要由三部分组成：

- 个人人口统计服务（PDS）。这是一项从出生到死亡的信息记录，包含对于每一位患者一生详细信息的追踪记录。
- 总结护理记录（SCR）。为每一位患者的用药、过敏史和不良反应提供了一份总结记录。
- 二次使用服务（SUS）。为给英国医院的合计 300 亿欧元的支付提供了支持。同时也支持国家医疗服务体系的服务与研究计划，为用于研究、规划和医疗卫生服务的商业报告和数据统计提供匿名患者病历数据的使用权限。

除了这三大主要部分，"脊柱"还有一项信息传递功能，用于支持所有不同参与机构间及其与个人之间的通信，另外还有身份与访问管理服务。用户可以将一张智能卡插入自己的个人电脑中，输入密码，然后根据其在系统中的身份来获取"脊柱"信息的使用权限。

这项业务一开始是由英国电信公司（BT）来经营的，其服务口碑一直差强人意，直到 10 年后合同到期。安德鲁·梅耶带领他的团队经历了国民卫生服务信息战略计划的考验，他们当时就在想，一定有更好的办法可以改进和升级"脊柱"项目。耗费了上百亿英镑却惨遭失败的国民卫生服务信息战略使英国政府遭受重创，当政府又抛出惊人的 10 亿欧元高额报价来重新开发"脊柱"体系时，合适的时机到来了。英国政府正寻求新的运营方法，而不想再将太多的管控权交到大型私营机构的手上。此外，英国政府新兴的信息与通信技术（ICT）战略将其整体层面的目标成果确定为大型的信息技术计划，宣称要签订1000万欧元的合同，来实现敏捷技术和开源技术的使用。

因此，安德鲁·梅耶决定要尝试忘却过去所犯的错误，从内部来解决问题，而不是将合同外包。"脊柱2"就此诞生，随之而来的是政府内部产品创新的新方法。根据安德鲁所言，这对于英国政府来说是一项重大战略举措，是不同以往的巨大变革。安德鲁说：

> 就所有的意图和目的而言，我们是一个保证性的组织。我们就拿着剪贴板四处查看别人的工作，保证他们是在按照我们的要求和合同规定，以我们所期望的方式在做事。如果有什么事出了问题，我们就会拿起电话跟人说："有些地方出了问题，按规定不应该是这样的。你必须要为我们把它维护好。"

基本来看，要开启"忘却循环"以彻底转变安德鲁所在组织的工作方式，该组织主要有三个方面的行为习惯和思维模式需要被忘却。

第一大转变就是要将工作从合约商那里转移到自身内部来解决。虽然合约商在之前的国民卫生服务信息战略计划中明显做得不好，也不能保证政府的科技团队就一定能做得更好。

第二大转变涉及要抛弃甲骨文公司（Oracle）等其他行业巨头、专营公司所提供的现成工具，转而使用开源技术。这一做法意味着要抛弃任何在原初"脊柱"平台运行平稳、获得有限成功的东西，使"脊柱2"面临更大的潜在失败。

第三大转变是要使用多次反复且更具适应性的支付方式，而不是将庞大的预先设计、发布、阶段—关卡方法应用到整个政府机构中。要达到比国民卫生服务信息战略计划更好的结果，事实上也是有保证的，这就需要安德鲁的信息技术团队综合考虑整个政府机构内部文化的大规模转变。

一切的未知使得机构当中的人们非常紧张不安，而安德鲁更是经历着挑战，他要试图说服大家接受整个机构需要忘掉过去的事实，通过忘却迎来成功。要跨过这一障碍，安德鲁及其团队要有极大的勇气来面对巨大的不确定性。最终，整个机构取得了非凡的进步，他们推出了强大的"脊柱2"体系，它运行可靠，并且很好地响应了不断增长的许多利益相关者群体的需求。然而要完成这一从个体到机构的转变过程，就要做到大量的忘却、再学习以及突破工作。

往大处着想但从小处着手，稳定地实现你本人、你的团队及组织的转变

要开启"忘却循环"，安德鲁所率领的交叉功能型的30人团队，就要采取与以往完全不同的行动。例如，一项大额预算的信息技术合同必须经过漫长的内部商业论证和出资过程，往往需要18～24个月时间来得到正式认可。等到最终签署合同的时候，要在固定的时间、预算和范围限制内完成开发，会面临巨大压力——有时候时间只剩几个月。

要绕过这个障碍，就必须忘却管理大额高成本项目的旧官僚体系，然后再学习新的方法，以更快捷、更安全，且步骤更少的方法达到团队期望的结果。安德鲁说：

我将这个商业案例分割为较小的组块,这样需要申请的资金数额就比较小。这种方法使得我们可以加速重新开发"脊柱2"服务体系的相关开发与探索工作。如果你的计划很庞大,那就需要一笔很大的预算,结果就会产生一个很大的商业案件,它需要很长的时间来完成审批流程。我们认识到,如果能够利用好现行体系的固有约束。或许往大处着想但却从小处着手的方法会更有效率。

安德鲁和他的团队忘却了原本习以为常的工作方法,以多批次的方法通过了项目审批。他们通过再学习,以小批量的方法使工作变得更容易理解,然后从头到尾完成它,这样也能更快地从服务体系的真实用户那里得到反馈。这一工作方法的另外一个好处是,它创造了一种失败了也不要紧的工作环境,因为没有任何一个批次的工作是需要冒巨大风险的。这样就使得审批更容易,投资更快,相对来说也是以更低的成本验证了什么是起作用的做法,什么是不起作用的做法。每一次交付增量都创造出新信息以指导下一步行动,同时也展示了一种能够带来非凡进步的新的工作方法。这些小步骤还创造了持续动力,也验证了团队成员为达到期望结果所实施的新行为,使团队成员能尽快获得成功感。他们就在这一体系之内努力忘却体系本身,然后再学习新的体系,并取得突破。

通过将这项工作划分成许多较小的组块,安德鲁和他的团队得以在体制之内有所超越:每一个小项目都不是太大,不致引起高级公务员和管理人员的注意。然而安德鲁的创新方法并没有在体制内隐藏太久。最终,一位高级公务员问责了安德鲁。在他们紧张的交流过程中,安德鲁回答说:"我之所以这样做,是因为它是推行这项计划所必需的。"他的方法是管用的，那位公务员无法否认这一点。

安德鲁问那位政府官员是否想要他停止这项工作，官员简单地回答了一句："不，别犯傻。我并不想要你停下——但是别再这样干了。"这就是典型的工业革命时代的管理思维：你不服从——别再这样干（但是这结果我是要的）。

这一回答出自一位官僚之口，是毫无意外的。即使可以明显看到旧体系已经被破坏，而安德鲁团队的新方法是管用的，但他的第一反应还是去训斥安德鲁没有遵循一贯做法。他没有问"你取得了非凡进步。你是怎样做到的？"或者是"我们能做些什么以便帮助其他人也采纳你们的方法？"，却说："别再这样做了。"

突破来自勇气，而非舒适

当你经历不确定性情况时，最容易的道路是退回到旧的行为和舒适状态中。当有人向你及你的团队施加压力，并且还一边拍着桌子质问："为什么你们要做这些不一样的事情？"这时候你要提醒自己，是什么促使你迈出了那充满勇气的第一步，也要提醒自己忘却的重要性。布琳·布朗（Brene Brown）曾经说过："中途可能会很乱，但往往也是会发生奇迹的。"当你处在凌乱的"忘却循环"过程中时，也就是当你再学习新的行为与新的方法，挑战现行的范式，同时开始觉得这或许太困难了的时候，实际上那正是需要你鼓起勇气，加倍努力以取得突破的时候。

安德鲁还必须处理制度上的忘却问题，当然这也是任何胆敢在政府机构内另辟蹊径之人需要面临的问题。要去支持或赞助一种还不知道会不会管用的新方法，大多数管理团队都会本能地对此感到惧怕。如果一旦为某项新举措亮了绿灯，也就意味着它潜在的失败风险可能导致团队成员错失奖金，甚至是丢掉工作。这样潜在的负面后果太严重了。这也正是你要从小处着手的另一个原因，要确保新行为失败了也不要紧，在提升行动级别之前首先要证明新行为的有效性。通过小步骤的证明创建必要的信心，以赢得管理团队的支持。

十分有趣的是，当安德鲁和他的团队将产品开发模型交给领导者，请他们做出由内部成员创建该项目的决策时，其团队突然间被看作是一家供应商——如局外人般——机构中的其他人都想弄清楚这个团队到底在干什么。安德鲁解释说，他想要机构中的其他人也参与到解决方案中来，而不是拿着笔记本四处检查，看一看员工有没有很好地完成任务。安德鲁这样说的意思，实际上就是试图帮助机构中的其他人忘却其旧的管理方法，转而开展跨职能合作。

据安德鲁说，他在年轻的时候总是仓促地下结论，他会告诉大家："这绝对就是正确的方法。"《赢得大脑游戏：修复思维的7个致命缺陷》（*Winning the Brain Game: Fixing the 7 Fatal Flaws of Thinking*）一书的作者马修·梅（Matthew May）认为这种认知行为模式直接跳跃到了解决方案，而没有首先认清和理顺所要解决的问题。这种管理者的本能反应是："我一直就是这样来做的——我就是这一做法的成功例子，所以我还要一直这样做以保证继续成功。"然而这是一种目光短浅的想法和做法。世界的状况在不断变化，管理者所要面对的状况也是如此。此外，还有更多新的科技，新的实验方法和学习方法，以及做事的创新方法不断涌现。

要再学习并取得突破,任何组织及其领导集体首先必须忘却:

- 要求员工和团队遵守现行流程,即使它已被破坏,已经不合时宜,并且也无法带来预期成果
- 当员工独立自主地解决了某个问题时要受到惩罚
- 因得不到上级领导的支持,而导致员工必须在体制内努力为体制带来转变

简而言之,很多组织所遇到的负面结果,都是由于其领导团队所设计并负责执行的工作体系太差所致。领导者必须再学习与员工(其内部客户)一起来创造对大家都有效的工作体系。一旦领导者做到了这一点,那么它所带来的突破和绩效进步就是指数级的,也有可能是无穷无尽的。

从小处着手,与用户一起再学习

英国国家医疗服务体系拥有约 120 万名员工,也即该制度所要服务的用户数量——而每名员工的要求、期望和需求各不相同。因此要安德鲁和他的团队在"脊柱 2"的一开始就为所有 120 万名用户提供服务是不可能的,所以他们将工作的重心降级,只专注于解决大约 1 万名用户的关键性需求(团队的原始订单中有超过 1000 项服务需求)。

随着项目工作的进展,团队清楚地意识到,要按预定时间表提供服务是做不到的。所以他们就针对定向的一组用户来努力,以实现那些最为关键的服务功能,在用户使用的第一天就能起到作用。为此,首先要将哪些

功能属于关键功能确定下来，然后再集中精力实现这些功能，而其他的功能并不是从第一天起就提供给用户的，但是随着时间的推移慢慢会增加。

在此过程中首先要忘却的是，用户所言的大部分需求实际上你并不需要完全了解。相反，你要再学习与用户合作、协同创造，一起来提供用户真正需要的服务。从聚焦于一组需求开始，向你的目标用户群体提供这些所需服务。等到用户给出其他需求的反馈时，再对此做出回应。接着继续快速向其提供下一组小批量的服务。

直到今天，安德鲁团队仍然没有为用户提供原始商业计划中所承诺的所有服务功能，因为用户渐渐也意识到，其实他们并不需要其中大多数的功能。通过再学习，安德鲁团队证明了软件产品和服务可以以小批量形式来提供，在第一次以及每一次得到反馈之后，他们都以更快的、连续不断的方式为用户提供服务，体系中用户的行为也随之发生改变。用户看到了自己需求的功能得以实现的证据，也看到了自己的反馈为"脊柱2"项目带来的改进。

大多数公司都需要忘却其与自己的用户打交道的方式。他们应当尽早地、经常地让用户参与进来，并且要使用户的参与贯穿产品或服务从设计到诞生、到使用的整个过程中，而不是等到这个过程的最后，才与用户有所接触。只有当产品或服务体系彻底下线或被废弃了，输送产品或服务的工作才算完结。如果你采用了这样的行为和思维方式，你就会从用户那里获得大量宝贵的反馈，同时你也可以集中精力来打造用户真正需要的功能。基于真实用户的反馈，不断反复更新和改进这些功能，大致就如同埃隆·马斯克和约翰·莱格尔输送他们的产品与服务的方式。

懂得忘却的组织

要做到忘却是非常困难的,因为你所知道的一切就是你整个生命体验的总和。而你所学到的一切并非一定就是好的。你也可能学到不对的东西、不良的习惯和不完美的思想。忘却不良行为从一开始就要比学会它们更加困难。

为你的处境找到最好结果的关键点,就是引入很小的、容易做到的、失败了也不要紧的新行为,这样就能为员工提供验证不同方法的机会,使员工感到新行为是成功的,也让他们看到迈向期望成果的进步。一旦员工开始体验到新的世界观,他们就会对此增加信心。你不能只是将忘却的方法停留在思想中;你要采取行动去再学习,并以新的行为方法取得突破,来实现你所期望的非凡进步。

记住,将障碍转变为机会

很多人断言,自己的公司与诸如谷歌、亚马逊或网飞公司这样的全球化创新者和业务粉碎机相比,自有其特殊情况,自己本就与这些公司大不相同,这些公司都是产品开发"成功者"的模范。我经常听到有人说"我们是独特的"以及"那在我们这儿行不通"。这样说或许也没错,但很多人经常会误入歧途,从而阻碍了自己取得非凡进步。爱贬低自己的人总是会将公司规模、规章制度、复杂感受、传统技术等内部的特殊性视为阻碍自己进行转变的障碍。尽管这些障碍确实是挑战,但最严重的障碍还是存在于组织的文化、领导力和战略上——这些都是可以通过突破来产生影响和改变的,而要取得突破就必须往大处着想但从小处着手,忘却过时的传统行为并再学习更好的行为。

高度监管和非常官僚化的环境对于习惯了团结协作工作方式的人来说是很有挑战性的,也会影响其工作效率。然而将关注的目光经常及时地转向用户,则有助于使监管人员从好产品的销售中发现好的管理方法,而不是通过检查任务表打对勾的情况去发现。毕竟一个专注于应对挑战的奉献者团队,在适度的资助下,也可以创造出一流的成果。

在安德鲁及其团队的例子中,甚至早在团队着手创建"脊柱2"体系之前,他们就向用户展示了其所能提供的服务,而不是像旧传统一样,即便团队已经为之努力一年多,用户却还是搞不明白这款软件到底会是个什么样子。在安德鲁团队设计软件的过程中,用户很早就对此有所了解。安德鲁将新方案分解为较小的组块,形成更小、更快的出资循环(没有一项是超过10万欧元的),而不是向官员一下申请一项数十亿英镑资金的方案。

安德鲁及其团队所应用的策略,包括往大处着想但从小处着手,然后在某些现行的常规中引入新行为,比如尽早地、经常地从软件用户那里获得反馈。这些信息有助于团队工作的参考与优化——这使他们在涉及用户需求的问题上,从"我们能创建它吗?"转为"我们需要创建它吗?"具有讽刺意味的是,其结果是团队需要提供的东西变少了,但是他们却在用户的共同参与下创造出了一个使用率更高的体系。

"脊柱"的持续忘却与发展

当安德鲁还在与团队一起为"脊柱2"而努力的时候,他的老板就曾跟他说:"你能不能在它的基础上再做出另一个项目?"这个项目就是后来的"二次使用服务"(SUS)系统,主要支持二级医疗环境下的支付与委任工作。

"脊柱2"于2014年8月开始运行。其身份与访问管理服务系统和二次使用服务系统于2015年2月开始运行,两个系统都没有遇到任何问题——没有中断。从"脊柱"到"脊柱2"的过渡是如此天衣无缝,以至于在它发布两周之后,用户都没有意识到他们已经在使用新的服务体系了,甚至还说:"你们'脊柱2'的发布显然是要延期了。它什么时候才能出来呢?"这为英国国家医疗服务体系所节约的成本是相当大的。安德鲁说:

我们每年从各类的"脊柱"系统上所节省的费用达2600万欧元。你可以从英国电信公司的网站上看到,他们用了15000人一年的工作量来打造"脊柱"。而我们仅用了100人一年的工作量来创建"脊柱2"。我们能做到这一点,是因为我们的小团队全力以赴地专注于打造真正对用户有用的服务。

非凡的进步还没有止步于此。"脊柱"每年的运营成本超过5000万欧元,每天需要处理成千上万家医疗机构之间相互发送的2200万条信息,从城市里的大型医院到农村地区的普通私人诊所。系统容量不足、运行不稳定和容易崩溃的问题都让用户感到非常失望。

"脊柱2"每天所处理的信息达4500万条，还有超过20亿次的病例访问。但它的发布成本还不及之前体系发布成本的0.1%，自上线之日起，系统的成功使用率达99.999%，并且它只需要一个总共由30人组成的团队来保证运行。"脊柱2"大大减少了响应时间，使得国家医疗服务体系节约出750小时的工作时间，可以用来帮助患者的医疗保健工作。[2]

正如安德鲁所展示的，你可以利用小而专注的跨职能协作团队做出惊天动地的大事，只要团队成员十分清楚用户的需求，并且运用小批量、多批次反复产出、不断调整的工作方式。安德鲁发现了驱动团队取得期望成果的多种方法，并能利用失败体系的局限性帮助团队进行忘却。据安德鲁所言，他会指明一个最终期限，然后告诉大家："除非我们为之努力，否则我们很难在期限内推出'脊柱2'体系。"这样就能驱动整个团队以及那些爱贬低自己的人，专注于必须在规定时间内达成期望成果。你可以通过强调团队所拥有的有限时间，来激发大家的生存危机或生存焦虑。这与德鲁在第一资本金融公司所用的，用于驱动公司体系转变的方法大致相同，也类似于安迪·格鲁夫在英特尔公司所觉察到的战略转折点。但是，解锁无穷无尽的实验、获得成长与影响力的关键，还在于要减少你所在组织内的学习焦虑。

安全感有助于升级"忘却循环"体系

在很大程度上，安德鲁认为，作为一个管理者，他最重要的责任之一就是要保护自己的团队在更大范围的组织中无后顾之忧。他给团队成员的指示就是好好干自己的工作，他会保证大家顺利产出的一切所需。对于任何领导者来说，保护团队绝对是最重要的，特别是当你组织中的上级领导固执地坚持旧方法，而不敢做任何打破现状的事情时，即使旧方法已经不顶用了。幸好那时候安德鲁还能仰仗自己老板的保护，也就是罗伯·肖（Rob Shaw），现就任卫生和社会保健信息中心的副行政长官。

如果你想做到忘却，又困惑于为什么在自己的组织中实施创新方案很费劲，那么就去请教一下创新成功的人们，问问他们是如何为公司带来成功的，如何能够创造使得公司有所突破并取得非凡进步的氛围。然后在自己的组织中营造这样的氛围。虽然这样的氛围不见得是对参与"忘却循环"绝对必要的，但它却是营造更快升级"忘却循环"所需安全感的影响因素之一。

有时候约束条件是一个时间表，有时候是一笔预算，还有的时候是由于竞争对手发布了一款新产品而导致你面临破产。这些约束条件和下行压力通常都是忘却的刺激因素。尽管这些状况都是引发忘却的关键时刻，但是理想状态是不要等着被生存威胁或危机来刺激，相反，要经常习惯性地实施忘却实践。

通过持续不断的有意实践，我们每个人都可以本能地利用忘却，也能有意图地利用它——而不仅是当已经没有选择或无路可走的时候。然后我们就可以发展出一种能力，即通过忘却拖我们后腿的东西，来克服任何挑战或是抓住眼前一切机会，再学习新行为，以取得突破、飞跃前进。正是这种独特的能力能够使得领导者不断取得新的更高水平的绩效，这不仅是其自身的突破，也是其团队的突破。

第 12 章
结 论

你无法倒退回去改变开端,
但是你可以从当下开始改变结局。

——C. S. 刘易斯

我很激动地看到,不管是在球场上还是在球场外,塞雷娜·威廉姆斯都能应用"忘却循环"体系来应对她的下一项挑战。我感觉无论她将目标锁定在什么事情上,她都能非常恰当地应用这一体系,不管是打破玛格丽特·考特(Margaret Court)所保持的 24 次个人大满贯冠军的纪录,还是开启新事业,或者其他。

我也想知道迪士尼的小团队于迪士尼乐园一个隐蔽的角落开发和推出创新的魔法腕带时,他们所采用的"忘却循环"体系是否影响到了公司其他的乐园和度假村。基于迪士尼公司最近的财务业绩,我有充分的理由相信他们的体系产生了积极影响。

总的来说,迪士尼 2017 年的财务状况是令投资商和董事会极其失望的,其营业收入较 2016 年下降 1%(从 556 亿美元下降到 551 亿美元),利润下降了 6%(从 157 亿美元下降到 148 亿美元)。事实上,除了一个例外,迪士尼每一个重要的业务分部的运营状况都比 2017 年要差。从

2016年到2017年，消费产品和互动媒体收入下降13%（从55亿美元下降到48亿美元），影视娱乐收入下降11%（从94亿美元下降到84亿美元），媒体网络收入下降1%（从237亿美元下降到235亿美元）。[1]

那么那颗闪耀之星是什么呢？就是乐园和度假村。

当其他各个分部从2016年到2017年的营业收入都在下降的时候，乐园和度假村的收入增加了8%——从170亿美元增加到184亿美元。利润则增幅更大，从2016年到2017年跳涨了14%（从33亿美元增长到38亿美元）。[2]

虽然我不能直接将2017年由乐园与度假村分部所创造的一流成果单单归功于魔法腕带所起到的促进作用，但是我猜测随着魔法腕带研发团队成员回到他们原来的岗位，"忘却循环"体系也会一并被带去。迪士尼的董事长兼首席执行官鲍勃·伊格尔亲自批准了魔法腕带方案，他还赋予领导团队忘却的使命，以取得非凡进步。伊格尔显然是看到了这个小团队迈出的每一小步都以新的工作方法带来了好处，因此他对此非常支持。这在整个乐园与度假村业务分部中产生了涟漪效应，我也相信有一天这股浪潮会席卷整个迪士尼产业——使其未来取得更大的成功。

在国际航空集团的例子中，我知道"提升"团队的六位领导者回到各自的子公司后，会以新的工作方法倡导"忘却循环"体系，而且能给予整个组织中的其他人相应的培训，为他们的非凡进步做出影响和贡献。

还有很多被他们的故事所激励的管理者和领导者，都加入了我的"高管营"（ExecCamps）来打破自己的固有模式，彻底改造自己的组织及其自身。从航空公司到电信公司，从银行到医疗保健行业，明天的领导者，不要惧怕未来，而要去创造未来。

说到底，应用"忘却循环"体系最理想的结果，就是转变我们思考、感知和体验世界的方式；以不再受过往成功所局限的新方法收集新的信息。一旦我们忘却，我们就能再学习到一套更有效的体系。其目的就是质疑我们的假设——正如埃莉诺·罗斯福（Eleanor Roosevelt）所警告的，永远不要把知识误以为是智慧——并挑战我们的理解力，以便从我们的所学和实践中获取宝贵的经验教训。

多亏那张预支了 200 美元的信用卡和自己做一回客户的经历，使得电信公司的主管团队忘却了他们的移动电话战略。国际航空集团的主管们通过忘却再学习了如何通过听取来自客户的反馈，一起创造出优质产品。银行的领导团队忘却了他们的激励结构及其所带来的非预期后果，来取得预期中组织层面的突破性成果。

问题在于要明确当下限制你能力的行为和思维模式是什么。你愿意忘却它，然后再学习新行为以取得突破、实现非凡进步吗？

"忘却循环"是一个需要付出时间和专注力来掌握的体系，但是它是值得付出的。适度地走出自己的舒适区是很重要的，这样可以帮助你寻找机会体验新的想法、做法和工作方法，要知道尝试超越自己的能力范围并不会让你跌入深渊。通过刻意练习、获取反馈，并将这个过程不断反复，你就能改进自己的表现，理解新的模式，从而掌握它。同时也能强化自己所学，一路上给予他人培训、辅导和引领。你还可以设计多种工作体系，将良性的"忘却循环"含纳其中，为自己的客户、同事以及你本人带来深刻的影响。

"忘却循环"体系最强大的部分是一个简单的事实，即我们总是会有更多的东西需要忘却，有更多的东西需要再学习，只有取得更多的突破才能使你自身及你的组织提升到更高的水平。世界还将以指数级的速率加快其发展速度，增加其复杂性，提升创新性，因而所有的组织——以及组织的领导者——都必须保持进步求生存，取得领先求繁荣。

正如中国哲学家老子所言："为学日益，为道日损。"这些在两千多年前适用的话放到今天也依然适用。

引领文化转变意味着要在改变他人之前先改变你自己

怀疑论者可能会以巨大的挑战为借口，告诉你人是不可能改变的，他们认为有太多的障碍会阻止你的改变。他们有无穷无尽的理由向你说明为什么这是不可能的，为什么这是行不通的，或者以他们曾经也多么努力地尝试过为例证。请将这些障碍转变为机会，将它们纳入"忘却循环"体系中来取得突破。

很多人误以为创造新行为首先要改变思维模式——也就是说，如果你告诉员工先从不同的想法开始，就能有不同的做法。但事实远非如此。

忘却并不是言语先行；忘却需要行动先行。也就是说，要往大处着想，但是在迈向期望成果的路上要从小处着手。同时这也意味着，忘却需要你自己先行，这样可以为团队及组织中的其他人树立行为榜样。尽管质疑与反对的确是很大的挑战，但最大的障碍还在于组织中的文化、领导力和战略——这些都可以通过忘却过时与传统的行为而得到改变，以便再学习更好的行为并取得突破。克服挑战应当从你自己的实际行动开始，而不是尝试去纠正他人。在你期望看到的行为上树立榜样，其他人就会跟随你。

通过忘却自己的行为方式,你的行动就能为你观察、体验和看待世界的方法带来丰富参考。看待与体验世界的新视角,会进一步影响你关于世界的想法。人不会因为听到某些言辞就改变自己的世界观;世界观的改变需要通过经历改变来实现,要能看到、感受到相关的证据。

要记住,忘却是一个过程,包括放弃、重构、摆脱曾经有效的思维模式,以及曾经有效但现在已经限制你取得成功的行为习惯。它不是指要忘掉、消除或丢弃知识和经验;它是一种有意识的行为,有意地放弃过时的信息,并积极地吸取新信息,作为决策和行动的参考。

引发更大范围组织内的忘却

迪士尼魔法腕带团队的经历,与国际航空集团六位高管的经历十分相似。正如迪士尼自知他们不能依靠一朝一夕的创新活动来创造非凡的成就,或是取得行为习惯与思维模式上的突破;国际航空集团的领导集体也认识到,他们必须做出与以往完全不同的某些事情,以驱动创新并取得非凡进步。这些与以往完全不同的事情正涉及"忘却循环"。

同样,第一资本金融公司自知,通过改革工作方法,他们就可能为公司的成果带来巨大改变。通过接受超出自己舒适区和知识阈值的挑战,来进行探索、实验,应用新的方法、工具和技术,就能够使得公司各阶层的员工打破固有的行为习惯和短视的思维模式。

对于亚马逊公司的杰夫·贝索斯来说,上班的每一天永远都是第一天。很多员工经过了第一天的考验，就开始变得自满或担忧，难以持续探索新领域，无法直面未知的不适，而更多地去维持现状的舒适。这种状态必然会使组织走向衰亡。

如果你的目的是要在自己的团队或组织中实行忘却，那就往大处着想并从小处着手。首先确定什么是需要被忘却的，然后向相关的人员或领导者寻求支持。以新的工作方法向大家展示，公司中的员工也可以取得非凡进步，可以实现自己的期望和目标。将你的见解、错误和行动分享给大家。在你所期望看到的行为上为大家树立典范。

为什么大多数人始终是平庸之辈

大多数人永远都不会使自己置身于不舒适的境况，或是去拥抱不确定性和未知的世界。为什么呢？因为维持平庸的惯性太强大了。这些人固执己见，也缺乏实际行动。很多人太过在乎要战胜自己的对手，尽管通常都是通过暗箱操作和以权谋私的方式。这些人是很难取得非凡进步的。相反，要将你的时间和精力专注于能够促进自己成长和能够对自己产生影响力的事情上。

思考一下在众多的挑战、愿望和目标中，你最想为自己设定什么，我相信其中最为重要的一定是经验学习和自我蜕变。我发现如果你一味地追求成功，你反而会一直得不到它。但如果你总是能优先考虑在个人成长、影响力和颠覆性的创新方面有惊人表现，那么你就会像一块磁铁一样将成功吸引过来。

所以，不要选择做平庸之辈。选择一种伟大的生活——在工作中，在家里，在你的社区中，以及在这个世界中。记住：往大处着想，但是从小处着手。采取微小的步骤来实现你期望的目标成果。一步一步地，你就能获得你想要的一切——甚至可能比你想象的还要多。

当你的行为和思维方式不再管用时或是无法达到自己的预期时，或者是你还能做得更好时，要有所行动。即使无法保证结果一定成功，也要采取行动去尝试另外一种不同的方法。这就需要一些特别的品质：要鼓起勇气并积极主动地让自己接受未来种种可能的失败。正是在这样的错综复杂中才会诞生伟大。

开启"忘却循环"，明天你就可以做到的一件事

在本书即将结尾的时候，还有一件我最想让你记住的事情，那就是"忘却循环"体系是由你自身来开启的。想想你自己最想忘却的是什么，然后承诺开始。没有什么最理想的状态、最理想的时刻或情况，等待生存威胁或危机出现后再去忘却是不明智的。相反，要像我们的呼吸和生活一样，本能且习惯性地采纳忘却的实践。正如杰夫·贝索斯所说："没有第二天——每一天都是第一天。"

不要再有哪怕多一刻的拖延，确定你最想达成的愿望或目标成果。从明天开始行动，或者就从现在开始——这样更容易做到！

将你的愿望或目标成果写下来，然后量化并约束它。问问你团队中的某些人、同事或朋友："从 1 到 10 打分，你认为我要＿＿＿＿＿（你想

实现的愿望或预期成果），可以做到多好？"

这个方法是高管教练塞布丽娜·布雷厄姆（Sabrina Braham）教给我的。[3] 她强调人类的大脑不能恰当地给出定性的反馈回答，比如"较差""良好""很好""优秀。"这些词对于我们的大脑来说，没有精确的价值。然而，一旦有人给你定量的反馈——一个百分比、等级或是比率——你的大脑立刻就能理解，你就会懂得应该将努力专注在哪里。例如，"满分 10 分你是 6 分"——也就是说，你的愿望或预期成果达到了 60%。

听听你的合作者、合伙人或者是客户的意见。问问他们什么行为能够帮助你达到预期成果，或者什么行为在拖你的后腿。问问他们你怎样能够有所提升。为改进自己，为取得更好的成果，为能够做到忘却，什么样的小步骤是你可以采纳的？

想想若要向自己的日常生活引入一个微小的习惯，接下来的行动中你可以采取的第一个小步骤是什么。回头再检查一下这些小习惯，看看自己事实上是否取得了期望中的突破——不仅是在这些小习惯上，还在你看待世界的方式上。然后开始建立能提高你效率的良性循环，随着你一次又一次地反复进行并完成"忘却循环"，你就能取得越来越多更好的成果。

我可以保证，如果你采用这个方法，你将会取得非凡进步。

致　谢

任何有价值的工作都不可能由一个人单独完成。很多次我都进行过这样的反思：如果要走得快，那你就一个人走；但是如果要走得远，那就意味着要和大家一起走。在这趟旅程的不同阶段，都有很多人加入我的行列，鼓励并促使我走得更远。本书是他们给予我信任及大量帮助的结果。

感谢邱易，我的妻子，也是我最大的支持者。你的无私付出让我受宠若惊；你的善良激励着我去追求卓越、进步和成长。感谢奥斯卡，我们刚刚出生的儿子，感谢你让我变得守时，你带给我很多的活力，虽然我的睡眠也因你而减少很多。感谢我的父母为我所付出的一切，我希望自己能做到你们的一半好。感谢我的兄弟姐妹、侄子和侄女——无论相隔多远、多久，你们永远都在我的心中。感谢瑞朗格在最后阶段助我一臂之力。我感谢你们大家。

感谢艾伦·盖特，艾德里安·科克罗夫特，安德鲁·梅耶，安迪·克莱·舍夫特，艾希·帕尔，本·开普勒，本·威廉姆斯，比尔·希金斯，贝宁·福格，布莱登·贝内肖特，布丽奇特·桑堡，凯瑟琳·邓根，芝华士·南比亚尔，克里斯·里希蒂，大卫·布兰德，大卫·马克特，迪恩·伯奢，德里克·奥布莱恩，德鲁·菲尔门特，爱德华·霍夫曼，埃里克·里斯，芬·古尔丁，加文·哈蒙，格伦·摩根，希瑟·阿内特，霍利·海斯特赖利，杰克·克纳普，贝宁·布朗，杰夫·戈塞尔夫，杰夫·莱亚，杰夫·赖尔，杰弗里·莱克，詹·贝内特，杰罗姆·博诺姆，乔安妮·莫莱斯基，乔迪·马尔凯，约珥·哥德堡，约翰·马凯特，乔尼·施安德，乔瑞·吉尔，乔希·塞登，凯伦·马丁，卡特里·哈拉萨洛宁，克里斯·哈里森，利·希克曼，李·迪金，洛雷塔·布罗伊宁，马尔钦·克维亚科特夫斯基，马丁·埃里克松，玛丽·帕朋迪克，马修·梅，马克斯·格里夫斯，梅丽莎·佩里，迈克·鲁斯，尼尔·奥雷利，尼克·威勒兹，尼尔斯·施达姆，诺艾尔·埃德尔，列什玛·谢赫，理查德·论诺克斯，罗伯·纳伊，罗恩·迦勒特，塞布丽娜·布雷厄姆，萨拉·巴列特，斯科特·腾奎斯特，肖恩·墨菲，史蒂芬·卡斯里尔，斯蒂芬妮·温迪，斯蒂芬·奥尔班，斯蒂芬·斯科特，斯图亚特·威尔逊，特里萨·托雷斯，特仑·彼得森，泰尼亚·克里帕特，汤姆·帕朋迪克，以及叶昌，感谢你们给予我的帮助、评论和反馈。你们的启发和见解使得这本书比我所期待的还要好。感谢你们所付出的耐心和时间。你们对本书的贡献和我本人是不相上下的。我愿和你们共创未来。

感谢麦格劳-希尔集团的团队，特别是凯西·埃布罗，感谢她愿意推荐本书，并最终促成它的出版面世。

感谢埃斯蒙德·哈姆斯沃思在出版方面给予我的指导和帮助。

最后，感谢我的写作导师，也是我的好朋友彼得·伊科诺米。简而言之，没有你就不会有这本书。你为我带来的启示以及热情远远超出了我的期望。在你的感染之下，我忘却并再学习了很多东西。感谢我们取得的所有突破。我热切期待共同开启下一次的写作旅程。

注 释

前言 忘却的非凡力量

1. http://www.nytimes.com/2012/05/30/sports/tennis/2012-french-open-serena-williams-ousted-in-first-round.html

第1章 为何要忘却

1. http://www.cnbc.com/2017/01/28/professional-tennis-is-older-than-its-ever-been.html
2. http://www.newsweek.com/2016/07/01/patrick-mouratoglou-serena-williams-coach-471758.html
3. https://www.telegraph.co.uk/sport/tennis/wimbledon/2316311/Serena-shows-strength-to-win.html
4. https://www.usatoday.com/story/sports/tennis/2013/09/02/us-open-2013-serena-williams-patrick-mouratoglou-partnership/2755659/
5. http://www.newsweek.com/2016/07/01/patrick-mouratoglou-serena-williams-coach-471758.html
6. http://www.newsweek.com/2016/07/01/patrick-mouratoglou-serena-williams-coach-471758.html
7. https://www.tennisconsult.com/interview-patrick-mouratoglou/ and https://www.mouratoglou.com/site/uploaded/ckeditor/files/Tennis_School_EN_2018.pdf
8. http://www.espn.com/espnw/news-commentary/article/13616431/us-open-how-serena-williams-found-new-level-success-coach-patrick-mouratoglou
9. http://www.espn.com/tennis/story/_/id/18445144/serena-williams-coach-makes-clear-2017-all-grand-slams
10. http://www.espn.com/espnw/news-commentary/article/13142903/how-serena-williams-mastered-art-comeback
11. http://www.mathistopheles.co.uk/maths/how-much-is-a-set-worth/
12. https://ftw.usatoday.com/2018/05/serena-williams-french-open-stats
13. https://www.instagram.com/p/BiW668QlUpA/?taken-by=serenawilliams
14. http://www.newsweek.com/serena-williams-pregnancy-2017-australian-open-586582

15. Baron de Montesquieu, Considerations on the Causes of the Greatness of the Romans and Their Decline (1734) http://www. constitution. org/cm/ccgrd_l. htm
16. Peter Senge, The Fifth Discipline: The Art & Practice of the Learning Organization, Doubleday (1990) pp. 57 – 67
17. Hedberg, B. How organizations learn and unlearn. In P. C. Nystrom & W. H. Starbuck (Eds), Handbook of organizational design, Vol. 1. Oxford: Oxford University Press, 1981, pp. 3 – 27

第 2 章 如何忘却

1. https://hbr. org/2016/10/why-leadership-training-fails-and-what-to-do-about-it
2. Edmondson, A.; Lei, Z. (2014). "Psychological Safety: The History, Renaissance, and Future of an Interpersonal Construct." *Annual Review of Organizational Psychology and Organizational Behavior*, 1;23 – 43. doi:10. 1146/annurev-orgpsych – 031413 – 091305
3. http://www. iagpress. com/phoenix. zhtml? c = 240949&p = aboutoverview
4. http://www. iairgroup. com/phoenix. zhtml? c = 240949&p = irol-newsArticle&ID = 2234865
5. https://onemileatatime. boardingarea. com/2017/03/19/Level-airline-tickets/

第 3 章 清除障碍

1. https://www. forbes. com/sites/brucerogers/2016/01/07/why-84-of-companies-fail-at-digital-transformation/#f7f5a61397bd
2. https://www. ted. com/talks/ken_robinson_says_schools_kill_creativity/transcript
3. https://www. ncbi. nlm. nih. gov/pmc/articles/PMC1765804/pdf/v013p0ii22. pdf
4. https://www. ncbi. nlm. nih. gov/pmc/articles/PMC1765804/pdf/v013p0ii22. pdf
5. http://www. bizjournals. com/orlando/news/2016/11/10/the-walt-disney-co-reports-record-revenue-theme. html
6. https://www. wired. com/2015/03/disney-magicband/
7. https://en. wikiquote. org/wiki/Walt_Disney

第 4 章 忘却

1. Paul Reps and Nyogen Senzaki, *Zen Flesh Zen Bones: A Collection of Zen and Pre-Zen Writings*, Tuttle Publishing (1998) p. 23.
2. Brené Brown, *Rising Strong: How the Ability to Reset Transforms the Way We Live, Love, Parent, and Lead*, Spiegel & Grau (2015) p. 5.

第 5 章 再学习

1. https://www.themuse.com/advice/how-much-time-do-we-spend-in-meetings-hint-its-scary
2. https://hbr.org/2002/03/the-anxiety-of-learning
3. http://womensrunning.competitor.com/2017/02/training-tips/training-plans/go-couch-marathon-training-plan_71868
4. https://health.usnews.com/health-news/blogs/eat-run/articles/2015-12-29/why-80-percent-of-new-years-resolutions-fail

第 6 章 突破

1. https://www.usatoday.com/story/sports/nfl/2014/07/30/metrics-sensor-shoulder-pads-zebra-speed-tracking/13382443/
2. https://mindsetonline.com/whatisit/about/
3. https://hbr.org/2002/03/the-anxiety-of-learning
4. https://hbr.org/2002/03/the-anxiety-of-learning
5. https://www.smithsonianmag.com/innovation/thomas-edisons-house-wizardy-180952108/
6. http://www.openculture.com/2014/12/leonardo-da-vincis-to-do-list-circa-1490-is-much-cooler-than-yours.html
7. https://www.fastcompany.com/3063846/why-these-tech-companies-keep-running-thousands-of-failed
8. https://www.fastcompany.com/3067455/why-amazon-is-the-worlds-most-innovative-company-of-2017
9. https://www.youtube.com/watch?time_continue=610&v=dxk8b9rSKOo

第 7 章 忘却与管理

1. http://processcoaching.com/fourstages.html
2. Gary Hamel, *The Future of Management*, Harvard Business Review Press (2007) p.255.
3. Peter Drucker, *Managing for Results*, Collins (1993) p.222.
4. Peter Drucker, *Managing for Results*, Collins (1993) p.222.
5. http://awealthofcommonsense.com/2016/04/napoleons-corporal/
6. Marquet uses the world "boss" and "worker" to denote hierarchy.
7. http://davidmarquet-com.3dcartstores.com/Ladder-of-Leadership-Wallet-Cards-Starter-Pack-bundle-of-25_p_50.html
8. https://www.flickr.com/photos/benarent/2195470990

9. https://positivepsychologyprogram.com/mihaly-csikszentmihalyi-father-of-flow/
10. http://www.autonews.com/article/20140805/OEM01/140809892/toyota-cutting-the-fabled-andon-cord-symbol-of-toyota-way
11. https://www.cnbc.com/2018/02/01/aws-earnings-q4-2017.html
12. https://www.amazon.jobs/principles
13. http://phx.corporate-ir.net/phoenix.zhtml?c=97664&p=irol-newsArticle&ID=2329885
14. Ray Dalio, *Principles: Life and Work*, Simon and Schuster (2017).

第8章 与客户一起忘却

1. John Legere, "T-Mobile's CEO on Winning Market Share by Trash-Talking Rivals," *Harvard Business Review* (January-February 2017).
2. https://barryoreilly.com/2014/08/06/why-we-carry-watermelons/
3. http://quotes.deming.org/authors/W._Edwards_Deming/quote/10201
4. http://www.bain.com/bainweb/pdfs/cms/hotTopics/closingdeliverygap.pdf
5. John Legere, "T-Mobile's CEO on Winning Market Share by Trash-Talking Rivals," *Harvard Business Review* (January-February 2017).
6. https://newsroom.t-mobile.com/news-and-blogs/tmus-q4-2017-earnings.htm
7. https://www.inc.com/justin-bariso/elon-musk-takes-customer-complaint-on-twitter-from-idea-to-execution-in-6-days.html
8. https://www.cnbc.com/2017/09/18/elon-musk-tweets-an-unhappy-tesla-customer.html

第9章 与员工及组织一起忘却

1. Diane Vaughan (4 January 2016). *The Challenger Launch Decision: Risky Technology, Culture, and Deviance at NASA*, Enlarged Edition. University of Chicago Press. pp. 30-1. ISBN 978-0-226-34696-0.
2. https://www.nytimes.com/2016/02/28/magazine/what-google-learned-from-its-quest-to-build-the-perfect-team.html?smid=pl-share
3. https://www.nasa.gov/specials/dor2017/
4. https://www.nasa.gov/specials/dor2017/
5. https://www.researchgate.net/publication/249631357_The_Nature_and_Need_for_Informal_Learning
6. http://www.richardswanson.com/textbookresources/wp-content/uploads/2013/08/TBAD-r9b-Watkins.-DLOQ-Demonstrating-Value.pdf

7. https://www.ncbi.nlm.nih.gov/pmc/articles/PMC4326496/table/Tab2/

第10章 忘却的激励机制

1. https://www.cnbc.com/id/29740717
2. https://hbr.org/2013/10/doubts-about-pay-for-performance-in-health-care
3. https://www.nytimes.com/2018/02/10/business/economy/bonus-pay.html
4. http://fortune.com/2015/09/02/ceo-pay-flatter-salaries-but-bigger-bonuses/
5. https://www.washingtonpost.com/news/on-leadership/wp/2018/04/11/median-ceo-pay-for-the-100-largest-companies-reached-a-record-15-7-million-in-2017/
6. http://news.gallup.com/opinion/gallup/224012/dismal-employee-engagement-sign-global-mismanagement.aspx
7. http://lexicon.ft.com/term?term=principal/agent-problem
8. https://en.wikipedia.org/wiki/Principal%E2%80%93agent_problem
9. http://money.cnn.com/2017/08/31/investing/wells-fargo-fake-accounts/index.html
10. https://www.nytimes.com/2016/09/09/business/dealbook/wells-fargo-fined-for-years-of-harm-to-customers.html
11. https://www.forbes.com/sites/victorlipman/2014/11/04/what-motivates-employees-to-go-the-extra-mile-study-offers-surprising-answer/#1ef5937ca055

第11章 商业与产品创新中的忘却

1. https://digital.nhs.uk/spine
2. https://www.yorkshireeveningpost.co.uk/news/leeds-based-spine-digital-system-is-backbone-of-nhs-1-8073182

第12章 结论

1. https://thewaltdisneycompany.com/walt-disney-company-reports-fourth-quarter-full-year-earnings-fiscal-2017/
2. https://thewaltdisneycompany.com/walt-disney-company-reports-fourth-quarter-full-year-earnings-fiscal-2017/
3. https://www.womensleadershipsuccess.com/feedback-for-results/